最·不·花·錢·的·投·資

小舉動，大貼心

從日常小細節中，展現貼心的126個體貼妙招，
教你招人緣、爭信任

西出博子 著
許展寧 譯

晨星出版

誰からも愛され、信頼される人になる！　気くばりにいいこと超大全

序言

你的身邊有沒有相處起來很愉快，讓你覺得「這個人真棒」、「好想再見一面」的人呢？

工作時總是掛著笑容，待人得體，小小的舉動和用字遣詞都散發著溫暖和知性的人……

用餐時的一舉一動總是優雅美麗，不僅對同行者有禮，也會向店員表達感謝的人……

無論面對什麼對象，這樣的人一定都會「貼心待人」，成為深受眾人喜愛的人吧。

其實我們每個人，原本都是以自我為中心。但就算只有一下子也好，如果你懂得站在他人立場來設想，會獲得什麼樣的結果呢？對方一定會認為「你好溫柔哦」、「你真親切」、「你這個人真棒」。能體貼待人的人，無論在工作或私生活上都是人見人愛。

設身處地為他人著想的貼心舉止，等同送給對方一份最美好的禮物。所謂關懷，是代表「我在意你的事」，多少也有點像是以自我為主體；然而為人著想，則是「我在為你設想」，以他人為中心的比重較高。當你那份無形的體貼心意傳達給對方時，你的心也會顯得更加美麗。

貼心待人的本質，就是「設身處地為人著想，設法讓人開心」。我都稱此為「真心禮儀」。禮儀的本質不是任何框架或形式，是以實際行動來表現無法用眼睛或耳朵實際見聞的體貼之心。其中不存在任何規範或照本宣科的規定，也不是為了要讓自己看起來更有魅力。希望大家了解貼心待人不是為了尋求結果，或是渴望對方有所反應，最大目標就是以充滿愛的方式待人接物。

本書就要傳授我平常做的貼心舉止與禮儀。首先在序章，要介紹如何更懂得體貼待人的基本態度；接著在第1章，要說明可在各種日常場合中實踐的貼心舉止；第2章要談論如何透過體貼的舉動，加強與朋友或職場的人際關係；第3章會提及商務場合十分有用的「報、聯、商十確」，以及寫郵件時的貼心舉止；第4章在說明拜訪別人家或招待訪客時，可以派上用場的貼心舉止；第5章要傳授如何以優美舉動，享受用餐的樂趣；第6章是有關婚喪喜慶，還有書寫信件時高人一等的貼心舉止；最後在第7章，要解說希望大家多加留意，不小心會「做過頭」的貼心舉止。

這裡介紹的各種秘訣都十分輕鬆簡單，可以在日常生活中立刻實行。為了他人幸福的貼心舉止，也能為自己招來幸福，讓人生變得更加璀璨閃耀。我衷心期盼本書可以為你的人生助上一臂之力。

西出博子

小舉動，大貼心

目次

Introduction

不可不知的知識
貼心待人的基礎

第1章 想要做得不著痕跡 日常生活的貼心舉止

第2章

貼心的說話方式

讓人際關係更美好

第3章 讓工作更順遂 職場的貼心舉止

第4章

拜訪與款待的貼心舉止

讓人想「再見你一面！」

第5章 用餐時的貼心舉止

讓你看起來充滿魅力

第6章 用心傳達 婚喪喜慶與寫信時的貼心舉止

第7章

「過度」的貼心舉止

體貼反而帶來困擾？

貼心名言

指責他人的行為，
就像是朝著空中噴口水，
有一天一定會回到自己身上。

戴爾．卡內基

美國實業家

Introduction

事先該了解的知識

貼心的基礎

學習貼心舉止的基礎，
一起培養「體貼的思維」。

貼心的人知曉「禮儀」的本質

KEYWORD 禮儀

有心才是真正的禮儀，懂得設身處地才能為他人著想

體貼的人會注意他人感受與現場氛圍，能夠放眼預測未來。而且越貼心的人，越明白建立良好人際關係的基本禮儀。這裡說的禮儀並不是照本宣科的應對，而是為他人著想的真心舉動。

從字面上來解釋，「禮」意指體貼，「儀」則是化為實際行動。換句話說，要先有體貼他人的心，才有實際的貼心舉止。

那如果把「禮儀」二字，前後調換成「儀禮」呢？就會變成先有行動，再談心意。像是贈送季節禮品給平常關照自己的對象時，隨便挑個安全牌選項，只想留下送禮事實的思維就是「儀禮」。

先真心地為他人著想，進而做出實際舉動的流程才是禮儀的本質。貼心的人很明白禮儀的本質，才有辦法做出圓滑的應對。

體貼的本質

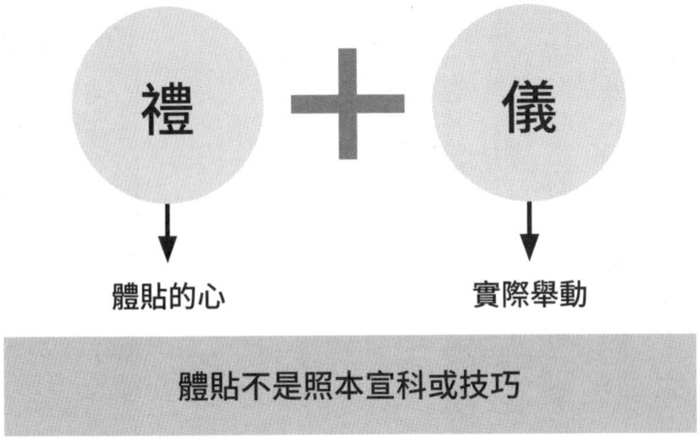

更加分的貼心MEMO

待物的方式
也能看出你的禮儀態度

了解禮儀的人除了待人體貼，也懂得珍惜物品。會粗暴對待物品或是容易丟三落四，就是你對物品欠缺體貼的證據。這樣容易浪費多餘時間和費用，對自己來說沒有好處。

運用3大關鍵，設身處地為他人著想

KEYWORD 舉止

貼心舉止不能缺少真心、言語和行為。

體貼的人在日常生活中會隨時注意3大關鍵。就是傳達給對方的「真心」，以及能讓對方明白這份心意的「言語」和「舉動」。

如果只是在心裡默默關心對方，沒有以任何言語或舉動表現出來的話，對方從頭到尾都不會知道。相反地，假如是卻乏真心的言語或舉動，甚至會讓對方感到反感。所以簡單來說，我們必須讓這3大關鍵融為一體。

例如在公司向別人在說「早安」的時候，要是你面無表情又小聲，態度冷冰冰的話呢？由於「言語」中缺少了「真心」和「舉動」，就算你覺得自己打過招呼了，說不定反而會在對方心裡留下不好的印象。

在人際關係中的貼心舉止，基本上就是做出能讓對方感到高興，不會覺得不悅的行動。所以讓對方感受到自己的心意是很重

貼心舉止的 3 大基本關鍵

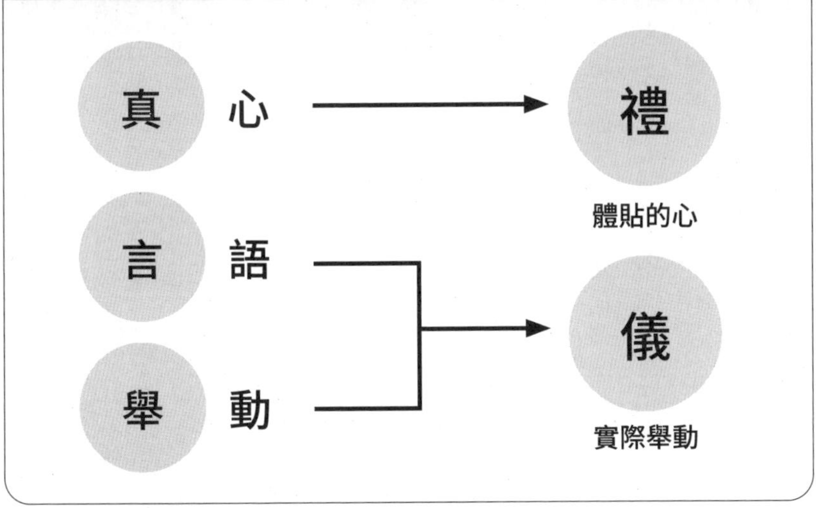

要的一件事。也有些人認為即使沒有固定言行，一樣能讓對方感受到心意，但前提是彼此必須要有長年的信任或親密關係。

更加分的貼心MEMO

在這個網絡時代，就算隔著螢幕也要注意的3大關鍵

比起實際見面，線上能傳達的資訊量通常會比較少。如果是面對面交流，可以透過現場氣氛或穿著打扮來加強；但如果改成線上，就會變得正確傳遞資訊很難。所以隔著螢幕的時候，大家必須要更加注重3大基本關鍵。

自然的微笑能讓周圍氣氛變得更好

KEYWORD＞笑容

貼心的微笑可以緩和現場氣氛

體貼的人懂得展現自然的微笑。不是露出做作的笑容，而是能夠感受到溫暖，自然的微笑。這種微笑不只能緩和周圍的氣氛，還能帶來「這個人總是很親切」的好印象，對自己來說也有許多好處。不過，若是想用做作的笑容來掩飾表情，反而會顯得你是一個「可悲的人」，一定要記得多加小心。

在新冠肺炎疫情爆發之後，戴口罩已成為生活中的日常習慣。這時候我們要注意的地方，就是眼睛的部分。如果眼睛沒有跟著笑，就無法讓笑容發揮作用了。你可以試著站在鏡子面前，戴著口罩提起嘴角看看。你就會發現到假如眼睛的表情沒有變，根本看不出來口罩底下的嘴巴有沒有在笑。

因此，為了從平時就開始養成自然微笑的習慣，我們就一起來練習眼睛的表情吧（參考上圖）。在鏡子面前真心展露笑容，

打造自然笑容的訓練

① 遮住眼睛下方的部分

在鏡子面前拿出紙或筆記本，從鼻子開始遮住臉部下方的部分。

② 讓眼睛綻放笑容

讓眼睛綻放笑容。就算只露出眼睛，也能看得出微笑的表情。

接著再讓眼睛露出微笑的表情即可。這時候就算拿下口罩，整張臉肯定也會是滿面笑顏。

更加分的貼心MEMO

獨處時也記得保持微笑，養成自然微笑的表情訓練

當你在獨處的時候也懂得隨時保持微笑，等於每天都在持續做訓練，可以讓你在人前也能自然露出笑容。讓我們成為笑容高手，拓展自己與周圍的幸福吧。

貼心的人不說壞話，也不批評和炫耀

KEYWORD 交談的禮儀

壞話、批評和炫耀，這些放在心裡就好

像是職場、生活圈、親戚交流等等，只要生活在人與人來往的社會，就不可能與所有人合得來。畢竟其中可能有人比較壞心眼，或是價值觀不一定能讓你接受。

貼心的人即使會因此感到不悅，也不會口出惡言或批評。因為他們知道任何人聽到這些話都不會有好心情，也明白這個舉動對自己沒有好處。當有人在大肆批評或是說壞話，聽到的人可能會心想「和這個人聊天一點也不開心」，甚至試圖保持距離。換句話說，你用來發洩不滿的惡言與批判，最後都會為自己帶來負面影響。

此外，貼心的人也不會炫耀自滿。愛炫耀的人一心想展現個人實績，總會喜孜孜地說得不亦樂乎，只是這些話對其他人來說卻不一定悅耳。有時候情況不對，還會讓對方感到不高興。會影響聽者情緒的談話，就代

聽到有人在說壞話或做出令人反感的言行時，
要把對方當成空氣，保持適當距離。

表話中缺少了體貼。就讓我們把想要炫耀的衝動放在心底吧。

更加分的貼心MEMO

不牽扯其他人，
只抱怨自己的事就可以

若是抱怨自己的事，就算是負面內容也可以盡情不吐不快。但要小心千萬別怪在別人頭上，不然就會變成是在說壞話了。你可以抱怨「工作很忙」，不過最好別說「主管害我變得很忙」。

以大方的態度互動交流

KEYWORD 溝通往來

接納彼此，建立真正的信賴關係

體貼的人不會固執己見，隨時保持大方的態度。這種類型的人，會顧及他人的想法和背景，試圖去接納對方，並坦率表達自己的真實想法和背景。就算彼此有不同思維，只要經過深談，便能更加了解你我，建立信賴關係。

相反地，所謂內心封閉的人並非個性內向，而是只會笑臉盈盈地說著漂亮的場面話，但是絕不會吐露真實心聲的人。這一類的人在聽別人說話時，即使看似點頭如搗蒜，他們也很少會去認真理解話中含意。既然無法接納他人，就表示凡事都以「自己」為主軸。換句話說，就是因為缺少了體貼他人的心，才會沒有為他人著想的想像力與行動力。

如果你至今的行為舉止，大多是偏向「以自己為主」來思考，就表示你需要學習

即使是自己不了解的話題，還是要懂得配合對方樂在其中，
不可以表現出感覺很無聊的樣子。

放寬心胸。懂得接納他人的大方態度，能提升你的體貼能力。

更加分的貼心MEMO

打破「自我框架」，解放悲觀的自己

獲得來自他人的提案或建議時，有些人會覺得「責任重大」、「自己沒有那種實力」，忍不住表現得很消極。像那樣建立「自我框架」，關上心房的行為實在是太可惜了。學會敞開心胸，凡事積極挑戰，才能讓你開拓未來。

凡事都是機會，別想得太悲觀

KEYWORD 樂觀態度

放下悲觀思考，掌握機會

悲觀的人容易讓難得的機會或是邂逅溜走。假設你被選為新專案的成員，卻老是擔心「失敗的話怎麼辦」、「可能無法符合大家的期待」，滿腦子只想到壞結果的話，就會不知不覺地限制自己的發言和行動。就算最後一切順遂，還是會悲觀地想「我什麼都做不到」。要是過程不順利，則是會沮喪表示「果然失敗了啊……」。一旦陷入這種狀態，事情往往不會有好的發展。

當然，人生不如意十之八九。我們有時也會感到沮喪或低落，甚至認為事情已經無法挽回，乾脆放棄比較快。不過，這只是結果不如預期的情況而已，你根本不需要在什麼都還沒發生以前就杞人憂天。考量最壞的發展，預先做好準備是必要之務。但如果滿腦子胡思亂想，裹足不前的話，就要努力設法放下這種負面思考。即使發生不好的事，

樂觀思考的重點

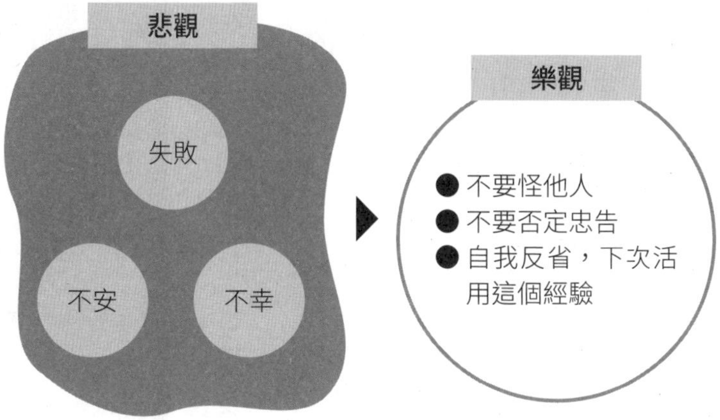
悲觀
失敗
不安
不幸
樂觀
● 不要怪他人
● 不要否定忠告
● 自我反省，下次活用這個經驗

只要寬心去想「人生就是如此」，便能讓你變得有餘裕去關心其他事物。

更加分的貼心MEMO

在危機中大顯神威，
來自親朋好友的切身建議

當事情不順利，一個人無法解決的時候，能提供確切建議的親朋好友對我們相當重要。就算聽到刺耳的建言，只要想成「原來還有這種觀點」，保持樂觀態度，便能成為你踏出下一步的動力。

謙虛待人，避免高姿態

KEYWORD 謙虛態度

謙虛向學的人，不會過度自滿

貼心的人通常很謙虛。不會擺出高姿態，懂得真誠相待，保持隨時求教的態度。

大多數的人在自認還不成熟時，都會抱持謙虛心態，試圖吸收各種新知。但是當資歷越來越長，對自己有了自信後，有些人的態度也會隨之變得高傲，開始高高在上地指手畫腳。這種人缺乏想像力，不會思考他人感受，無法成為一個貼心的人。

有人會說「我的才能不該浪費在這種工作上」，然後跳槽到其他公司。有上進心固然是好事，但是這種時候才更該要謙虛。真正有工作實力，能夠不斷成長的人，無論是對主管或前輩，甚至是面對現狀也不會擺出高姿態。真誠面對被賦予的工作，簡單雜事也不偷工減料。不過度自滿，會傾聽他人的話。就是因為能做到如此，才有辦法成功獲得有益的知識情報和專業秘訣。這樣的人能

「高姿態的人」與「謙虛的人」

高姿態的人　**謙虛的人**

夠慢慢成長，更加大放異彩。

更加分的貼心MEMO

什麼是理智表達正確意見的謙虛態度？

謙虛有別於「低調」和「謹慎」。即便是表達意見，也不會情緒化或是進入戰鬥模式，同時接受對方想法的態度就是「謙虛」。發現自己失誤時，會老實承認並道歉也是謙虛的特徵。

隨時懂得感謝

KEYWORD 感謝

每天的「謝謝」能呼喚幸福

貼心的人隨時不忘說「謝謝」，常保感恩之心。面對一般被視為理所當然的事，也會懷有感激之情。每天吃得美味、家人身體健康、空氣、太陽、和平等等，所有都值得感謝的對象。所以懂得體貼的人，會像呼吸一樣自然地表達「謝謝」的心意。

表達感謝的話語，能讓人與人的關係變得圓融。像是買東西收下找錢、電梯裡的人幫忙按著開門鈕、從巴士或計程車下車……大家不妨試著在各種場合積極地說「謝謝」吧。

不只是別人幫自己什麼忙的時候，被人斥責或得到忠告時也要說聲感謝，表達「謝謝你為我說出難以啟齒的話」的意思。如此一來，當下氣氛不但不會尷尬，也能提升你的品格。

「謝謝」是一句魔法話語。能讓說話者

和聽者都產生喜悅的情緒，是呼喚幸福的美妙話語。

更加分的貼心MEMO

與自己奇蹟相遇的人事物，每個都是值得感謝的對象

日文「謝謝」一詞的由來，是來自「稀奇的事（因為稀奇，所以值得感謝）」。只要把一切都視為奇蹟，便會頓時萌生出感激之情。無論家人或同事，就算是與自己沒有深切關係的人，也是值得感謝彼此緣份的對象。

不必過度在意他人的反應

KEYWORD 體貼的態度

如果貼心待人讓你疲憊，就重新審視自己的態度

生活在這個社會中，貼心待人是不可或缺的重要之事。但要是會讓你感到痛苦或疲憊，就有必要重新審視自己對於體貼的態度。

在展現體貼的舉止時，你都是抱持什麼樣的心情呢？會不會有一種「希望對方喜歡自己」的期盼呢？

會有這種想法很正常，但假如你老是在意對方的反應，可能就會對於貼心待人一事感到疲憊，導致人際關係變得不順遂。

例如約會時，若你老是在幫忙分料理，注意對方的玻璃杯是不是已經空了，根本無法專心談天的話，這樣就本末倒置了。不只你無法享受約會，對方也會因為你的舉止倍感壓力，讓原本的快樂時光變得一蹋糊塗。在貼心待人的時候，必須懂得不要過度在意對方的反應。如果有人注意到自己的體貼並

不必要的３種思維

①希望別人對自己有好印象

②不想被對方討厭

③希望對方可以感謝自己

貼心待人的目的不是為了提升自己的評價，也不能要求對方一定要有回應。一旦抱持這種思維，就會讓自己感到疲憊。

表達感謝，要當成是自己幸運。只要不在追求結果，身心便會感到放鬆，變得能夠做出體貼的舉止。

更加分的貼心MEMO

「期待對方注意自己」的「渴望認同感」，會讓體貼失去意義

體貼待人的用意，原本是希望自己與他人之間的關係變得更融洽。然而，「期待對方注意自己」的渴望認同感，會不由自主地讓體貼本身變成像是在賣人情。對方不會注意到自己的體貼很正常，不著痕跡的親切也是一種貼心舉止哦。

貼心名言

為他人著想，是世界上最美好的事。

高倉健

日本演員／歌手

第 1 章

想要做得不著痕跡

日常生活的貼心舉止

平常只要多一點體貼，
就能為好感度加分！
一起在本章中學習箇中技巧吧。

平時沒事，也要和朋友保持聯絡

KEYWORD 〉人與人的連結

定期聯絡能維繫自己與朋友之間的關係

能夠輕鬆相處的朋友，是人生的重要寶物。然而，我們也會因為結婚生小孩、伴侶調職等各式各樣的原因，開始與朋友漸行漸遠。在這種時候，建議你可以試著主動聯絡，隨興地問一句：「最近過得好嗎？」你不需要擔心「沒事聯絡對方，不曉得會不會給他添麻煩」。睽違許久收到你的聯絡，想必朋友一定也會開心地想「你是在關心我吧」，感到十分窩心。

聯絡的關鍵重點，就是選擇能讓對方在方便時間回覆的管道。首先一開始，先用電子郵件或LINE發送訊息看看吧。假如對方有在使用社群媒體，你也可以按個讚或是留言回覆。也許你很想「直接打電話聽到對方的聲音」，但如果朋友剛好在忙，有時候反而會形成一種負擔。所以最保險的做法，就是事先取得聯繫之後再打電話。即使彼此

久違聯絡他人的訣竅

與朋友聯絡

「○○！好久不見！我是△△的○○！最近過得好嗎？」

加入簡短文章表達問候，方便對方輕鬆地回覆。

商務聯絡

「久別無恙了。我是○○的時候受到您關照的○○。關於△△……」

提及過去曾在何時何地連絡過對方什麼事。

分隔兩地，重視對方時間的體貼心意一定能加深你們的友情。

更加分的貼心MEMO

與朋友久別重逢時，可以聊聊家人或寵物的話題

與久別重逢的朋友聊天時，除了報告彼此的近況之外，也可以問候對方的家人或寵物哦。對方聽到後，一定也會高興地心想「沒想到你還記得」。多問一句「伯母最近過得好嗎？」，就能為你的貼心舉止加分。

運用緩衝用語的力量，避免給對方帶來壓力

KEYWORD ＞ 柔和的用字遣詞

給予拒絕空間的萬用文句

要拜託某人做某事時，要是直截了當地說「請做○○」、「希望你╳╳」，有時候會讓對方感到些許不滿。在這種情況下，假如能巧妙地加上「不好意思」、「勞煩你了」等緩衝詞語，在用字遣詞中表現出為對方著想的心意，這樣聽起來就會柔和許多了。根據兩人交情還有提出請求的場合，可以在話中區分使用「百忙之中打擾了」、「如果可以的話」、「若不介意」等不同用詞。

約別人一起去旅行或出遊時，也一定要顧慮對方的心情。要是太直接地說「一定要成行哦」或「陪我去○○！」，可能也會形成一股壓力。在這種時候，希望你可以使用「假如方便的話」、「要是時間配合得來」等緩衝用詞，為對方著想一下。若是還能再添上一句「不方便的話也沒關係哦」，讓對方可以放心婉拒的話，你一定能成為更厲害

的貼心高手。大家在拜託他人時，要懂得別勉強對方點頭答應。

拜託他人時的緩衝用詞

緩衝用詞	例句
不好意思	不好意思，還請多多指教了。
勞煩你了	能勞煩你協助做個確認嗎？
方便的話	方便的話，歡迎你來參加。
如果不介意	如果你不介意，可以指導我一下嗎？
雖然有點麻煩	雖然有點麻煩，你能幫忙填一下問卷嗎？

更加分的貼心MEMO

對方婉拒邀約時，
記得用貼心話語化解尷尬

當對方婉拒邀約，你在回答「百忙之中打擾了，請別放在心上」之後，可以再用問句表達：「下次可以再約你嗎？」要是你說「下次再約你」，會給人強勢的印象，所以一定要小心。

自己遲到時，記得說句為人著想的窩心話

KEYWORD 關於時間的貼心舉止

懂得換位思考，用言語表達「對不起」

快趕不上約定的時間時，記得一定要盡早聯絡。就算只是稍微晚到一點，對方還是會擔心你。只要事先告知遲到的事，對方就能自由運用這段等待的空檔。

在連絡的時候，也別忘了顧慮對方的心情。假如你只是用ＬＩＮＥ傳個「我會晚到」的貼圖，這樣一點也算不上是體貼。不僅要用文字寫出「對不起」，要是知道自己大概多久會到，也別忘了通知對方喔。因為根據等待時間的長短，對方度過這段時間的方式也會不一樣。

若是約在店門口或車站附近，就先請對方進去店裡，讓他放鬆地度過等待的時間；假如是約了很多人的飯局，就告訴大家「你們先開始用餐吧」。

養成提早做準備的習慣固然重要，但是每個人一定都曾因為種種原因遲到過。在這

遲到時的聯絡方式

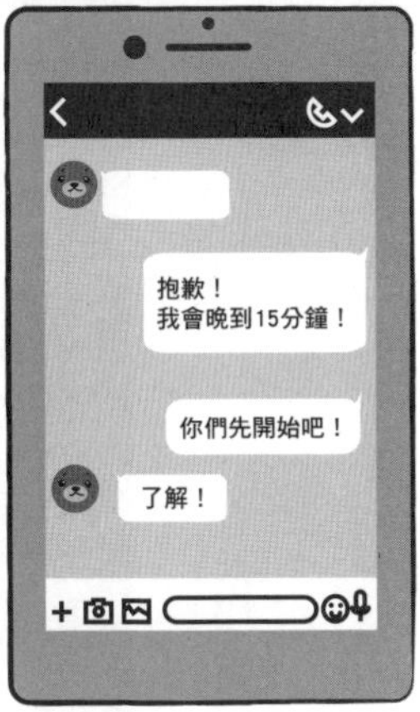

傳送一句為對方著想的話

通知完自己會遲到之後，記得再加上一句為對方著想的話。只傳送貼圖的舉動比較沒禮貌，一定要盡量避免這種做法哦。

種時候，希望你能做出重視對方時間的言行舉止喔。

更加分的貼心MEMO

開始和結束都遵守時間，也是一種貼心舉止

會議一拖長，就等於在犧牲對方的寶貴時間。盡量依照預定時間結束，後續留待下次處理就是為對方著想的貼心舉止。但假如雙方時間允許，當天一口氣討論完也沒問題。

當視線相交時，就微微一笑

KEYWORD 打招呼

微笑＋點頭致意，就能為你的印象加分

與他人視線相交時，你應該曾因為尷尬或困惑，不曉得該做什麼反應才好對吧？像是忍不住撇開眼睛，或是變得全身僵硬。通常在這種時候，我們都會希望盡量不要留下負面印象。

平時與人視線相交時，就用微微一笑來打招呼吧。此時如果可以輕輕點個頭，看起來就會很親切和善。但萬一對方將你視為戀愛對象，這個舉動也有可能會讓人誤會「你對自己抱有好感」。若你沒有那個意思，就要注意別讓對方誤解。

相對地，與人視線相交時，要是看到對方頓時撇開眼睛，我們都會好奇這個舉動的原因。在無意之中與自己有好感的異性對上視線，並因為害羞而撇開眼睛時，據說眼神通常會自然地往下看。所以移開視線的舉動，也不一定代表了負面意涵。當你看到對

方撇開眼睛時，假如還是能用一如往常的微笑來回應，就可以算是踏出貼心高手的第一步了。

用微微笑容來打招呼

脖子傾斜大約 5 度

若要留下良好的第一印象，只要面帶微笑，脖子傾斜大約 5 度左右，看起來就會溫柔又親切。

更加分的貼心MEMO

希望日本也能養成用眼神互相微笑的歐美習慣

在歐美國家，經常在電梯或店家看到擦身而過的人用眼神互相微笑。即使彼此是陌生人也是一樣。這是表示自己沒有敵意，互相顧慮對方的美好習慣。希望未來的日本也能培養出這樣的文化。

別做出令人不悅的舉動

KEYWORD ＞ 禁忌的無心之舉

會讓你失去好印象的無心之舉

除了設法在對方心中留下好印象外，也要小心別讓人感到不悅。像是說話的時候、吃飯的時候、工作的時候等等。就讓我們回想一下在日常生活中，有什麼一不小心就會冒出來的無心之舉吧。

像是一邊說話一邊交叉手臂或翹腳，或是用手托腮的舉動都是禁忌。這樣會讓你看起來很高傲，一副很無聊的樣子。此外，也不要頻繁地確認手機或時間，不然對方會以為你沒有專心和他說話。

工作時也要為同事著想，像是嘆氣、咋舌、自言自語等行為，都會默默傳進附近同事的耳裡，影響大家的專注力。另一個希望大家注意的無心之舉，就是忍不住會做得很順手的摸頭髮動作。長髮女生撥頭髮的動作看似有女人味，但在某些人眼中卻是不衛生的舉動。特別在用餐時，為了預防頭髮碰到臉或料理，記得要用髮圈綁好頭髮，保持乾淨整潔的形象。

習慣性的無心之舉

- □交叉手臂
- □用手托腮
- □翹二郎腿
- □身體斜坐
- □後背靠著椅子扶手或椅背
- □抖腳
- □摸頭髮
- □咬指甲

更加分的貼心MEMO

臉微微傾斜 5 度
＋
笑容滿面的傾聽態度
與感同身受的附和

在傾聽時，只要臉微微傾斜 5 度，然後一邊微笑一邊聽對方說話，看起來就會特別親切和善；附和對方時，假如只是「嗯嗯」幾聲會聽起來很隨便，必須改成說「是這樣啊」、「我明白了」等等，加上一些表達共鳴的回應。

就算沒人在看，也要好好愛惜物品

KEYWORD 待物方式

懂得愛惜物品，就能體貼待人

從待物方式就能看出一個人的品格。會愛惜自己的私人物品，但是對待公司用品或公共物品卻很隨便的人，一定讓人難以放心信任吧。

例如會浪費公司或店家的紙巾和水、公司的用品總是立刻換新、使用完化妝室不會撿起自己的毛髮等等。惜物的人對任何東西都一視同仁，需要多少就用多少，並且珍惜使用到最後。如果不是自己買的東西就不會珍惜，根本不算是貼心的人。其他像是私自使用影印機、把公司物品帶回家，當然也都是不可取的作為。

懂得愛惜物品的人，通常也擁有真誠待人的正直品格。處事方式不會根據有沒有他人的視線而異，獨處時的作為就代表了你的真實人品。即使沒人在看也會惜物的人，才有辦法自然做出美好的貼心舉止。

顯示個人品格的作為

化妝室	不隨便浪費廁所衛生紙，使用完後會檢查洗臉台有沒有水或毛髮。
電車、公車、飛機等處	下車或下飛機時會恢復椅背高度，離開時會檢查座位上有沒有垃圾或遺忘的物品。
餐廳、咖啡廳、會議室等處	離開座位時，會把椅子搬回桌子底下。
試衣間	會把脫下的鞋子擺整齊，試穿時一定會套上試衣面罩以防弄髒衣服，使用完後再折一折丟進垃圾桶。

更加分的貼心MEMO

**在公共場合更要懂得
為其他使用者著想，
做出提升個人品格的舉動**

在公共場合，大家要懂得為他人著想。像是用完洗臉台後順手擦掉噴出來的水，開門出入時會檢查身後有沒有別人，並主動按著門方便讓人進出等行為，都能提升你的品格。

拍合照時，把其他人襯托得更亮眼

KEYWORD ＞ 拍照

用美好的貼心舉止創造美妙回憶

現在智慧型手機十分普及，任誰都可以隨時隨地輕鬆拍照。照片能夠留下回憶，拍照也十分有趣，只是拍照的時候也要為他人著想。首先，在請某人幫忙拍照時，最好事先決定好地點再開口拜託對方。如果把手機或相機交給對方後才思考拍攝角度，會讓幫忙拍照的人等太久。另外還要記得面帶微笑地說「麻煩你了」，拍完照後也要說聲謝謝。要是有別人在排隊等著拍照，別忘了向對方說「久等了」或「我們先離開了」，讓後面的人拍照時也能保持愉快心情。

在派對等場合上，除了認識的朋友之外，面對初次見面的人也可以問一句「要不要一起拍照？」。畢竟是第一次見面，你可能會覺得很難開口，但是拍照的舉動可以緩和氣氛，說不定還能成為打開話匣子的好機會。接著若無其事地引導其他人移動到接近

中央的位置，讓別人成為照片中的主角。雖然這樣會讓自己的身影出現在照片角落，但是鏡頭一定能捕捉到你貼心待人的美麗心靈。

更加分的貼心MEMO

在人潮之中拍照時，要小心別拍到周圍路人

在觀光景點等人潮洶湧的地方拍照時，若不小心拍到有陌生人出現的照片，有時候甚至會衍生出其他意料之外的問題。所以在拍照時，最好盡量選擇不會讓路人入鏡的地方。

上下車的時候要「表達謝意」

KEYWORD 〉上下車時的關鍵

一句貼心話，能讓駕駛人保持好心情

在坐別人的車時，必須讓駕駛人在開車時保持好心情。

上車時，即使駕駛人或同乘者幫你開車門，你也得在沉醉當公主之前說一句有禮貌的話。你可以根據交情選擇使用「謝謝」、「麻煩你了」、「不好意思」等用詞；若是自己開車門，記得上車前先說「打擾了」，並在發車前再說一句「麻煩你了」。假如乘客沒繫安全帶，到時候會是駕駛人受罰，所以上車後就趕緊繫好安全帶吧。

長途車程時，為了不讓駕駛人越開越想睡，必須想辦法和對方聊天。但如果是需要認真思考或動腦筋的內容，反而容易讓駕駛人分心，所以最好聊一些不著邊際的安全話題。準備下車的時候，即使對方有在上車時幫忙開車門，你也不能默默等著對方過來，要懂得自己開車門下車。要是駕駛人或同乘

者有特別下來為你開車門，就坦率接受對方的心意，說一聲「謝謝」表達感激之情吧。

更加分的貼心MEMO

優美的上下車姿勢：上車時臀部先坐進去，下車時腳先伸出來

上下車的時候，優美姿勢也是貼心舉止的一環。上車時，先直接坐到椅子上，身體再轉約90度進入車內；下車時，同樣將身體轉約90度，再把腳先伸出車外，就會是優美的下車姿勢了。

走進電梯時要說一句「我先進去了」，並點頭致意

KEYWORD 電梯

待在狹小的密室空間，更要為同行者或同乘者著想

在電梯中，需要隨機應變的貼心舉止。當你身邊有同行者時，假如電梯裡已經有人，必須先讓同行者進電梯，接著自己再走進去。在這個時候，如果電梯裡的人幫忙按著電梯，就要記得跟對方說聲「謝謝」，表達一下自己的謝意。

若搭乘的是空電梯，就向同行者點頭致意說「我先進去了」，接著早一步進去並按著電梯等他進來。如果你的同行者是男性，對方或許會秉持女士優先的理念讓你先進電梯。這種情況下不需要客氣，只要向對方道聲謝，並率先走進電梯即可。要是你在此時還推辭地說「沒關係，你先進去吧」，反而會讓想趕快搭電梯的同行者感到困擾。像這樣大方接受對方的好意，也是為他人著想的舉動。

搭乘電梯時，按鈕面板前面的位置是下座，後面的位置則是上座。只要站在按鈕面板

進出電梯時的關鍵

進電梯時	搭乘電梯時	出電梯時
優先讓同行者先進電梯。如果是自己先進去，記得說一句「我先進去了」。另外要懂得按著電梯，直到後面的人都上電梯為止。	原則上盡量避免交談。如果電梯內還有其他陌生人，最好不要與同行者聊天；要是電梯內只有自己人，講話時也要保持低音量，並在電梯開門前結束談話。	站在按鈕面板前面時，要主動按著「開門鈕」讓其他人先出電梯；若是自己必須先一步離開電梯，最好說聲「謝謝」或「不好意思」來表達謝意。

前面，就要懂得幫忙按著電梯直到所有同乘者都離開為止。有人要在途中的樓層離開時，你同樣也要這麼做。若是自己要先行離開電梯，你可以說一句「我先走一步」，並在離開的同時按下「關門鈕」，就會是更厲害的貼心舉止了。

更加分的貼心MEMO

搭電梯時最好不要交談，
就算只有自己人也要盡量避免

搭乘會與許多陌生人同乘的電梯時，原則上必須避免交談。這樣不只能防止外人聽到談話內容，「沉默搭電梯」在現今的傳染病對策中也是一種禮貌。就算電梯內只有自己人，也最好僅用化解尷尬的低音量來交談。

入座時，說一聲「請容我從右邊入座」

KEYWORD 入座時的一舉一動

了解禮儀，順暢入座

從椅子左邊入座被視為正確的入座禮儀。據說是因為在過去的西洋文化中，人們習慣在左腰插著防身用的劍，便衍生出這個能避免劍妨礙入座的禮儀。在以右為尊的西方世界，晚宴等場合的座位安排都是男女相間而坐，由此也能推論出為了方便左邊的男性帶領女性，才會形成這種從左邊入座的文化。

在現代的日本，同樣也認為在正式場合上，從椅子左邊入座才有禮貌。不過在日常生活中，其實不用這麼正經八百地照著做。

假如椅子左邊沒有空間，從右邊入座比較順的話，也不必特地繞到左邊。在這種時候，最好還可以向旁人說聲「請容我從右邊入座」。明白入座禮儀的同時，也要懂得視當下狀況來行動。

根據座位的安排，有時候必須繞一大圈

才能從左邊入座。如果改坐門口附近位置比較方便的話，就讓我們隨機應變吧。

美麗優雅的入座方式

① 站在椅子的左邊。

② 移動到椅子的前面。

③ 面向前方，維持抬頭挺胸的姿勢坐下來。

更加分的貼心MEMO

在正式場合中，營造高雅氛圍的優美入座方式

準備入座時，首先要站在椅子的左邊，再移動到椅子的前面。這個時候不要回頭，保持直視前方的姿勢坐下來才優美。雖然一般都會想轉頭看一下椅子的位置，但這時候請改用小腿的觸感來做確認。

透過社群媒體聯絡時，彼此的距離感必須公私分明

KEYWORD 社群媒體

越方便的聯絡管道，越要重視彼此的距離感

社群媒體的訊息功能擁有豐富用途，像是能讓使用者同時與多位成員進行對話等等，使用起來相當簡單方便。因此不少人除了私底下之外，也會利用社群媒體的管道來聯絡公事。然而，你是否曾在假日收到主管的LINE，慌張地趕忙回覆訊息，或是看到公司前輩的私人貼文，覺得自己必須禮貌性地按個讚呢？

一般在工作時，大多是使用公司配給的電子信箱，我們會清楚知道自己是在辦公。但要是把社群媒體拿來當作工作的聯絡管道，就有可能讓公私界線變得模糊。此時最好區分工作帳號和私人帳號，並事先表示「放假時很少檢查工作帳號，回覆會比較慢」。反之，當你要透過社群媒體聯絡公事時，就要盡量避開辦公時間以外的時段。若不急著收到回覆，就不要特地選休息時間聯

絡。假如真的非得傳送訊息，要記得加上一句「打擾你休假了」。

在社群媒體保持適當的距離感

①
分別建立「工作帳號」和「私人帳號」

②
發送訊息前，考量一下對方現在的狀況

③
公事以外的私人聯絡，有時候會帶給對方負擔

更加分的貼心MEMO

如何巧妙拒絕來自職場的私人邀約

要是自己沒興趣的對象透過社群媒體私下傳送邀約訊息，可以用「謝謝你的邀約，但我目前沒有空」的說法來拒絕。假如你說「我那天有事了」，對方可能會改約其他日子，所以一定要記得說「目前沒空」。

社群媒體的發文要正面積極

KEYWORD 傳播資訊

能為讀者帶來幫助的快樂訊息

在社群媒體發布的任何體驗和資訊，會在一瞬間被世界各地的人看到。所以只要運用得宜，社群媒體就會是個十分方便的分享管道。不過換個角度來看，一旦使用錯誤，就有可能捲入麻煩，甚至為周遭的人帶來困擾，一定要小心留意。

從名人的社群媒體風波就便可得知，在

網路上不僅不能誹謗造謠，就算只是寫一些工作話題，或是任何批判和不滿，也會不小心掀起出乎預料的波瀾。若是以匿名方式發布文章，有些人可能會忍不住不吐不快。但縱使是匿名，有時候看得懂的人就是看得懂。為了預防逞一時的口舌之快，不小心貼出不適合公開的文章，建議大家寫完後，先暫時存檔一段時間，重新讀過之後再發布吧。

社群媒體的文章會映入眾人的眼簾，內容必須要寫得不會讓任何人感到不悅。即使

在社群媒體絕對不能做的事

不議論

不要透過留言功能與他人討論意見，單憑文字很容易衍生誤會。

不寫出負面言論

絕對不能發布誹謗、造謠等攻擊性的言論，也要避免任何歧視和低俗的內容。

不擅自發布有他人入鏡的照片

假如你準備發布的照片中有拍到自己以外的人，一定要事先獲得當事人的同意。

自己遇到什麼開心的事，也盡量別寫得容易招人反感。設法提供有趣又有益的資訊，並用歡樂文句談論積極正向的話題，就是為讀者著想的貼心舉止。

更加分的貼心MEMO

公開發布照片前，
要事先向同框的人做確認

要在社群媒體發布旅行或餐會的照片時，記得事先向照片裡的其他人做個確認。或許有人是拒絕其他邀約才來參加，所以有時候不想被別人知道自己有出席。另外在發布時，也別忘了關掉定位功能哦。

書、音樂、實用品是最合適的探病禮物

KEYWORD 給患者或傷者的探病禮物

在對方難受的此時此刻，最需要貼心的探病禮物

在新冠肺炎疫情中，即使聽到熟人或親朋好友因傷病住院，也幾乎沒有辦法去探病。就算等到疫情減緩，對方的病情或傷勢可能已經變得更嚴重，女性甚至不想頂著素顏見客，因此一定要視狀況與交情來判斷。

無論如何，只要以具體形式傳遞自己的關懷，對方一定會明白你的心意。探病禮物通常要視病情和傷勢來選擇，假設對方需要一段時間休養，就可以挑選書籍、音樂等能夠轉換心情的東西。如果要送食物，必須要看病情適不適合，事先向對方家人或醫院做個確認比較保險。若對方住的是多人房，可以準備獨立包裝的點心分送給其他病患，收到的人一定會很高興。雖然鮮花也是個安全選項，但是有人對鮮花過敏，最後的處置也比較麻煩，所以最好考量對方的情況之後再決定。說起來或許現實，不過最能讓人開心

的禮物大概就是現金了。在日本有人會說送現金給尊長有失禮節，但最近似乎有越來越多人不介意了。

探病送這個就沒錯

現金	若對方是熟人好友或職場同事，大約準備 1000 ～ 2000 元；如果是親屬，慰問金額則是 2000 ～ 3000 元左右。送現金給尊長原本算是失禮的舉動，但最近有越來越多人不介意了。
書、雜誌、漫畫	雖然要視對方的病情而定，但是收到書、雜誌或漫畫的話，就可以在住院期間殺時間或轉換心情。也可以事先詢問對方想看什麼書，配合本人的喜好來選擇。
實用品	毛巾和按摩用品也是值得推薦的探病禮物，患者可以在住院期間用毛巾洗臉或當作枕套。如果對方是女性，送護手霜之類的也很不錯。

更加分的貼心MEMO

天災意外也是送現金最保險，或視情況準備實用物品

如果要慰問遭遇大型地震、風災或水災的災民時，最保險的方式就是在慰問金專用袋或信封裡放入能立即買到必需品的現金。由於災害慰問金不需要回禮，所以最好準備不會讓對方感到壓力的金額。

穿著適合的衣服，不破壞現場氣氛

KEYWORD 穿著打扮

配合場合穿衣服，也是尊重他人的表現

人人都有裝扮的自由，但如果你的穿著會讓他人覺得反感，就該重新審視自己的穿搭。例如自己雖然喜歡，看上去卻像在裝年輕的打扮；穿起來雖然舒適，卻給人邋遢印象的服裝。此外，懂得珍惜好衣雖然是美事一樁，但要是長年下來已經變形發黃，散發異味的話，最好還是避免穿到公共場合。穿搭時別忘了注意儀容，並挑選乾淨清潔的衣服。

其實我們最該注重不是穿搭，而是儀容儀表。所謂儀容儀表，指的就是外貌姿態。換句話說，也就是不能以自己的喜好為重，而是要根據他人的眼光來穿衣服。穿上不會招人不快的服裝，就是尊重他人的表現。如果在正式場合上，你依舊堅持「個人平時的穿搭風格」，以一身日常打扮出席的話，只會顯得你有多麼自我感覺良好。真正懂穿搭

的時尚人士都知道要穿得適時適所，設法讓人看得賞心悅目，避免招致任何不快的感受。

適合自己的顏色？

請你在春夏秋冬中，憑直覺選出最符合自己的季節，然後再去問問熟識的人。若對方的想法跟你一樣，就表示那是屬於你的季節。接著下來，就來確認下述的季節色彩吧。

春 適合淡粉紅色等柔和色彩，也推薦蓬鬆造型或蕾絲材質的服飾。

夏 推薦玫瑰粉或天空藍等顏色，適合亮面光澤質感的帥氣服飾。

秋 推薦充滿秋天氣息的深沉色彩，適合西裝外套、長褲套裝等帶有正式感的服裝。

冬 推薦白、黑、紅、藍等一目了然的顏色。適合簡約風格的服裝，搭配圓潤曲線的打扮也很可以。

更加分的貼心MEMO

今天的打扮可以嗎？出門前對著鏡子自我檢查

自己覺得好看的打扮在他人眼中又是如何呢？出門前記得檢查一下吧。站在鏡子前看看全身，以客觀角度觀察自己的穿著，重新確認配色和造型比例會不會奇怪。

利用化妝和配飾讓自己更有魅力

KEYWORD 配飾和妝容

利用配飾和妝容來改變印象

無彩的黑白色系服裝配什麼都適合，穿搭起來十分方便，只是常常看起來太單調，容易給人陰沉又寂寥的感覺。這時候就利用配飾增添顏色和光彩，改變一下整個人的印象吧。例如在一身黑的打扮中加入一件金色單品，增添華麗的印象；在白色服裝上加點淡粉紅色，展現可愛的風格。下班後要去參加派對或聚會時，只要利用配飾變化一下，就算不用特地換掉工作套裝，也能搭配出適合亮麗場合的打扮。在配飾其中，又屬珍珠項鍊最能搭配任何顏色的服裝，無論正式或半正式的打扮都可以派上用場，非常推薦大家事先準備一條。

此外，會率先映入對方眼簾的臉部周圍，更是需要留心的重點部分。即使平常是畫淡妝，只要換一下唇膏或眼影的顏色，加點亮粉上去，就會一口氣改變原本的印象。

提高好感度的妝容與配飾

配飾

只要配戴項鍊或耳環，就能大大改變外表印象。
如果是穿無彩的黑白色系，只要加上有顏色的配飾就很可以。

妝容

在上一篇的個人色彩診斷中，屬於春天或秋天的人可選黃色作為基底膚色，妝容則是駝色或橘色最適合；屬於夏天或秋天的人則是適合灰色或粉紅色。

配飾中最容易注意到的耳夾或耳環，也可以換成比平常更加顯眼，或是顏色完全不同的種類看看。這些都是讓人方便切換公私場合的方便道具。

更加分的貼心MEMO

事先在公司置物櫃
準備變身道具，
隨時應付臨時的聚會或喪事

為了預防在下班後臨時遇到聚會或喪事，建議大家可以預備好珍珠耳環等單品，還有萬用的黑色褲裝。尤其像守靈夜總是來得特別突然，最好也事先準備包裹奠儀的袱紗布袋和念珠以防萬一。

香水只要噴到自己聞到即可

KEYWORD ＞ 香氣禮儀

為了打理儀容而噴的香水，有時也會讓他人覺得反感

　無論是自己還是他人，大家都會很在意汗水味或是附著在衣服上的味道。不過就算噴了香水或古龍水，有時候也會因為噴太多導致反效果。像是人擠人的電車、電梯、電影院和劇院等地方，在這種與他人距離很近的場合，一旦出現嗆人的強烈香氣，有些人甚至會感到身體不適。所以為了儀容在噴香水時，最好僅止於自己能聞到淡淡香氣的程度即可。像是壽司店、蕎麥麵店、日本料理店等重視料理香氣的餐廳，香水氣味可能也會影響餐點的完整度。所以為了保險起見，前往這些店家時最好一點香水也別擦。最近也有越來越多洗衣精和柔軟劑會散發強烈香氣，包含這些在內的人工香料氣味，都有可能引發頭痛或作嘔的症狀，在日本更出現了「香害」一詞。使用時一定要遵守用量，一旦發現香味太強烈，就趕快停止使用。

據說香氣容易與人的記憶產生連結。希望大家可以多留意身上的香氣，讓自己與人擦肩而過時，身上的氣息可以在對方腦中留下美好記憶。

更加分的貼心MEMO

不能擦香水時，可選擇無香料的除臭噴霧消除討厭的氣味

若要同時解決香害和討厭的氣味，建議使用無香料的除臭噴霧。市面上也有推出隨身瓶，可以隨手放一罐在包包或公司置物櫃。而且除臭噴霧還能消除環境異味，上完洗手間時也派得上用場。

貼心名言

同理心讓世上所有人都成為家人。

威廉・莎士比亞

英格蘭劇作家／詩人

第 2 章

讓人際關係更美好

貼心的說話方式

學會優美的用字遣詞與言詞表達，
有助於建立良好的人際關係。
本章就要介紹能立即派上用場的實用技巧。

用優美的敬語慢慢說話

KEYWORD > 敬語

並非只是嘴上說說，應養成用言語表達敬意的習慣

說出溫柔又優美的正確敬語，是貼心待人的基本原則。說話不僅要客氣有禮，使用優美得體的敬語更能打造良好印象。

比方說向人詢問事情時，使用「不好意思」和「方便占用一點時間嗎？」，哪種比較容易留下好印象呢？肯定是後者聽起來比較舒服吧。在對話中釋放敬意，表現出景仰態度也是重要的貼心舉止。另外，在私底下對喜歡的事物做出好評時，比起說「這不錯」，改用「這樣子真棒」的說法更有禮，同時也會讓你看起來是個很棒的人。

還有交談的時候不要說話說得太快，和緩易懂的口吻也是良好溝通的重要訣竅。如此一來，對方一定會仔細聽你說話並牢記在腦海中。改變每一個用字遣詞的習慣，就能讓人際關係更順遂。

讓形象更好的敬語用詞

×		○
請吃吧。	➡	歡迎你享用。
○○先生／小姐來了。	➡	○○先生／小姐到場了。
不好意思。	➡	方便佔用一點時間嗎？
我要看囉。	➡	請讓我拜見一下。
這真不錯。	➡	這樣子真棒。

更加分的貼心MEMO

注意敬語的使用方式，謙讓語只用於熟人

敬語一旦用錯，就會非常失禮。在日文中，最容易讓人搞錯的就是謙讓語了。要謙虛地放低自己或下屬的身段時，可以說「打擾您了」，但不可以說「○○先生／小姐來打擾了」。

聲音不要過大或過小，視狀況調整音量

KEYWORD 音量大小

要隨機應變，別讓說話音量給人帶來困擾

在貼心舉止中，懂得控制說話音量也是相當重要。在安靜的辦公室或咖啡廳大聲說話，就會給人帶來困擾。你的談話對象一聽到你的大音量，也會忍不住擔心這樣是否會給周圍的人造成麻煩。所以我們在說話時，要隨時以客觀角度確認自己的音量。

但如果是做簡報或開會，這種必須在眾人面前發言的場合，反而要發出必要音量來說話。畢竟聽眾若沒有好聽進去，就失去發言的意義了。為了讓人感受到自己的熱情，就需要用上一定程度的音量。

要是常有人說你講話很小聲，你可以試著用腹式發聲來取代胸式發聲。只要平時就用腹式呼吸，聲音也會自然而然地從腹部發出來。腹式發聲的聲音聽起來穩重，也比較容易表達出情緒。只是在大聲說話的同時，千萬要小心別說得口沫橫飛。就讓我們配合

溫和的腹式呼吸法

雙腳打開與肩同寬，抬頭挺胸，
雙手掌心放在肚臍下方

↓

深呼吸，維持 8 秒鐘後吐氣

↓

把空氣吸進肚子裡，讓雙手擺放的腹部位置鼓起

↓

反覆這個動作

不同情境，以適宜的音量來說話吧。

更加分的貼心MEMO

**採用腹式呼吸，
讓心情平靜**

腹式呼吸也有讓人平心靜氣的作用。在做冥想或瑜珈時，其實都會運用腹部做腹式呼吸。從腹部發出的聲音不僅宏亮，也能安定精神狀態。

表達謝意時，要說「謝謝」而非「不好意思」

KEYWORD 致歉與道謝

不要什麼事都習慣說「不好意思」

許多日本人總是太注重表達敬意，容易謙虛地把「不好意思」掛在嘴邊。一般給人添了麻煩都會習慣說「不好意思」，但在致歉和道謝的時候，最好還是改說「對不起」和「謝謝」。

向人道歉或是表示謙虛都不會令人反感，但卻不一定能留下正面印象。說聲代表感謝之情的「謝謝」，對方聽了會覺得悅耳，也容易留下好印象。此外，只要在話中好好釋出善意，對方也會對你產生好感。

有些人會把帶有歉意的「不好意思」當作口頭禪。但要是反覆說太多次，聽起來反而好像只是想道歉了事，給人不好的印象。有時候被你道歉的對象，甚至會疑神疑鬼地想：「是不是自己的態度太高傲了？」只要想盡辦法將自己的心情化為具體言語，人際關係肯定會更加順遂。

「不好意思」是用來致歉的話

感謝	× 不好意思 ○ 謝謝 ○ 不敢當
致歉	× 不好意思 ○ 對不起 ○ 抱歉

更加分的貼心MEMO

英文的「不好意思」不是只有「Sorry」

「不好意思」除了表示道歉，想要叫住人的時候也會這麼說。話說英文也是一樣，老是說「Sorry」其實是錯誤的。請人停下腳步時說的「不好意思」，應該是「Excuse me」才對。

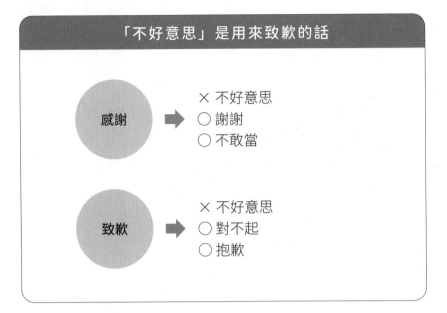

習慣使用樂觀言論

KEYWORD ＞樂觀言論

言語的力量能讓人變得積極進取

我們平時的用字遣詞都會影響第三者，要是平常說話都很消極，身邊的人也會產生厭惡情緒，成為惡循環的能量來源。

盡量避免「沒辦法」、「不行」、「做不到」、「累了」等負面意涵的字眼，改說「竭盡所能」、「努力過了」等用詞。就算情況不樂觀，有時候只要多說點積極的話，常常就能讓事情有所好轉。日本人常說「言語具有靈魂」，要是說太多負面言論，那些話可能就會像迴力鏢一樣返回自己身上，實際引發不好的狀況。

此外，說話給自己聽，也能緩解疲勞感和消極情緒。認為自己做不到就不實際行動，最後肯定什麼都做不了；但假如你覺得自己做得到，願意一步一腳印地按部就班，就能提高成功的機率。

不僅如此，據說多說樂觀的話，還能有

將悲觀言論轉換成樂觀言論

悲觀		樂觀
累了	➡	盡力了
不行了	➡	學到了很多
做事很慢	➡	做事很細心
很忙	➡	還能繼續撐下去！
辦不到	➡	試試看
好寂寞	➡	一個人最逍遙了！

效鍛鍊表情肌肉，保持青春外貌。就讓我們在日常生活中，盡可能地用樂觀言論扭轉悲觀事實吧。

更加分的貼心MEMO

為了達成自我實現的「觸發效應」

用言語促使自己轉換成樂觀心態，進而達成自我實現的舉動稱為「觸發效應」。許多成功人士會說自己擁有「毫無根據的自信」，其實是在這個效應的影響下，讓自信的人面對任何事都能保持積極態度。

受到讚美不用過度謙虛，坦率開心即可

KEYWORD 謙虛

過度謙虛的態度反而會讓人感到擔心，留下不好的印象

日本人一受到讚美，總是容易表現得很謙虛。基本上只要謙虛地回答「沒有啦，你過獎了」，就能維持自己的美好形象，但有時候也不能謙虛過頭。姿態一旦放得太低，有可能會讓你看起來沒什麼動力。當你嘴上說著「我完全做不來」，像這樣過度貶低自己的能力，會顯得你好像興致缺缺，一點也不積極，給人負面的印象。別人會不敢把工作託付給你，也容易錯過有未來發展的交流機會。坦率地說聲「謝謝」表達感激，或表示「我會加油的」、「我會努力達到你的期待」等等，像這樣展現積極進取的態度，有時候反而更容易留下好印象。假如在實際行動之前，就先謙虛地表示「或許會給你們添麻煩，但還是請各位多多關照了」，說出這種過度貶低自我的發言，則是容易讓人覺得你好像有什麼問題。適度地謙虛以對，盡量

多表達謝意或是多說感同身受的話，就能讓許多人對你有好印象了。

更加分的貼心MEMO

因為日本人的配合度高，態度才會那麼謙虛嗎？

據說日本人是因為配合度高，才會比其他國家更容易有謙虛的心態。由於歐美人習慣提出個人主張，一點也不覺得謙虛是種美德。人人想法皆迴異，所以才要學會配合對方來互動。

「漢堡話術」三階段，讓你更懂得傾聽

KEYWORD 懂得傾聽

「感同身受」、「建言」、「鼓勵」，依照三階段來對話。

在面對充滿煩惱的人，或是要指導工作不順遂的下屬，我們有時候會不曉得該做出什麼樣的恰當應對。只要表現出感同身受的態度就行了嗎？還是該提出具體的建言？要找出明確的答案實屬困難。

這個情況就適合使用「漢堡話術」。一開始先表現「感同身受」的態度，拉近彼此之間的距離；接著提出恰當的「建言」，告訴對方前進未來的必要元素；最後再鄭重地送上「鼓勵」，讓人可以用樂觀積極的視角看世界。

在提出建言時，也有可能會觸碰到對方的負面情緒，因此必須謹慎地開啟談話。正因為如此，其中只要穿插感同身受的貼心話，便能讓對方坦率地接受建言。一旦知道有人產生共鳴，當事人便會領悟到自己並不孤獨。當這位理解自己的人提出誠懇建言，

讓人懂得傾聽的「漢堡話術」

麵包	③鼓勵	最後說一句「我相信你做得到」，激發對方的鬥志。
	▲	
肉排	②建言	經過感同身受之外，提出「這樣做可能比較好」的建言或提議。
	▲	
麵包	①感同身受	先傾聽對方的話，附和地說「是啊」、「我能理解」來表示共鳴。

反而是開心都來不及了。只要一步步走過「感同身受」、「建言」、「鼓勵」的階段，很多問題便能迎刃而解。

更加分的貼心MEMO

能夠感同身受的人
擁有健康的心靈

據腦科學顯示，當一個人能夠理解他人的感受，就是擁有一顆健康大腦的證明。若是身陷憂鬱或心靈受創的人，通常無法萌生感同身受的心情。擁有健康的生活，就能讓人安定心靈。

盡量別說「要命」、「煩死了」、「好噁心」

KEYWORD 低俗的用字遣詞

會同樣感到開心。

另外，假如你講話總是很低俗，人際關係也有可能因此變得幼稚粗鄙。說話時拉長語尾或頻頻加入停頓的口氣，常常會顯得比較低俗。這種說話方式或許能讓你與人建立親近隨和的關係，然而實際狀況還是會依商務場合或私人關係等情況而異。

只要講話彬彬有禮，基本上就能帶來安心感並獲得信賴；用字遣詞若運用得宜，甚至有機會拉近距離，建立良好關係。所以說

講話越低俗，越容易拉低自己的水準

如果平時就習慣把令人反感的言詞當成口頭禪，不僅容易影響周圍的情緒，想圓融處理工作時也會陷入惡循環。除此之外，要是常把「要命」、「煩死了」、「好噁心」等充滿負面元素的字眼掛在嘴邊，有可能讓大腦誤以為這些都是在對自己說，一定要小心注意。只要常說對方會開心的話，自己也

老實話，講話低俗也不全然是壞事。凡事要拿捏好分寸，根據實際狀況隨機應變。

更加分的貼心MEMO

面對難以理解的年輕人用語，該如何優雅地成熟應對？

除了低俗的用字遣詞，現在每年都會接連流行起各種創意新詞。像是「有病（有毛病）」、「退追（退追蹤）」、「完情（完美情人）」等等。我們不僅要適時吸收充滿難懂新詞的年輕人用語，也要懂得盡量使用全民通用的大眾詞彙。

學會習慣說「不敢當」和「感激不盡」

KEYWORD 說話得體的習慣

用客氣措辭表達喜悅，營造優雅的形象

客氣措辭能為你的形象加分，雙方都能萌生愉快心情。此外，若可以更熟練地說出「不敢當」、「感激不盡」等高人一等的得體用詞，也能讓你實際體會到自己的實力變得更加堅強。

「不敢當」一詞雖然聽起來謙虛，同時也是以最高規格在表達「好開心」、「值得慶幸」的感激之情。受到讚美或是獲得意義非凡的邀約時，用「不敢當」來取代「謝謝」，更能凸顯你的非凡品味和優異特質。「感激不盡」一詞也是同樣道理。把「麻煩了」換成「勞煩您了」、「若您能去一趟，我會感激不盡」等等，像這樣換句話說，聽起來就很優雅吧。

還有將「今天」改說成「今日」、將「怎麼樣？」改說成「意下如何？」。把日常用語一一替換成商務場合頻繁使用的措辭，便

最好能運用自如的成熟措辭

×		○
今天	➡	今日
這裡、這個	➡	這一邊
剛剛	➡	不久前
馬上	➡	即刻
有夠、超級	➡	十分
怎麼樣？	➡	意下如何？
不知道、不曉得	➡	不認識、不明瞭
可以嗎？	➡	沒有問題嗎？

能有效改善社交互動與人際關係的循環。習慣這些用字遣詞，成功塑造客氣有禮的形象後，你就能成為厲害的貼心高手。

更加分的貼心MEMO

該如何使用「敬請」和「勞煩」？

在電子郵件或信件的最後加上一句「敬請多多關照」，比較容易留下客氣有禮的印象。其中需要注意的一點，就是不要用成「敬請勞煩多多關照」。因為「敬請」和「勞煩」的意思一樣，要小心別多此一舉了。

想拿回借出的東西，就祭出第三者

KEYWORD 和平地要求歸還

祭出家人或好友，避免對方感到不快

有時候東西借出去之後，卻遲遲等不到對方歸還。該怎麼開口，才能和平地拿回東西？——我想你一定煩惱過這個問題。照理來說，原物主就算直截了當地開口詢問，其實也不成問題。只是在說話時，總會參雜著「你何時還我？」的負面情緒，讓人很難在這樣的氣氛下好好表達。

其實有一個不會話中帶刺，又能開口要回東西的好方法。那就是祭出家人或好友作為理由，要求對方歸還物品。例如「因為我妹說要用，你方便還我嗎？」，以第三者的請求為由拜託對方，口氣聽起來就會圓滑多了吧。通常只要有個正當理由，就算急著要回東西也不會有問題。

這個方法不僅能用在借物上，要催人歸還代墊的款項時也派得上用場。請人還錢的時候不是以第三者作為理由，而是由第三者代為轉達訊息。例如「還沒付錢給○○的人，記得要付錢哦」，像這樣透過第三者來示意，就能避免負責墊錢的當事人直接流露不滿和反感，可以公事公辦地要求他人還錢。

圓滑地要求他人歸還物品

✕ **上個月借你的○○，可以還我了嗎？**

○ **我朋友說想看上個月借你的○○，這星期你可以拿來給我嗎？**

更加分的貼心MEMO

只要祭出第三者，回絕時也不會惹對方不高興

若要回絕他人，以第三者為由的方法也能發揮效用。當有人提出無理的要求時，你必須告知拒絕的原因，讓人了解「已有要事在身，恕難配合」。如此一來，對方就會覺得無可奈何，比較能心甘情願地放棄，也不會湧起負面的情緒。

致意問候或談話時，記得要喊對方的名字

KEYWORD 喊名字

盡量頻繁提及記得的人名，拉近彼此的距離

以客觀角度觀察那些能迅速打好人際關係的人，可以發現大家有一個共通點。就是會頻繁呼喊談話對象的名字。一個人的名字，是從小被人喊到大的詞彙。所以當有人實際以名字稱呼自己，會頓時覺得彼此好像很親近。

此外，一旦知道有人記得自己的名字，那個人就會在我們心裡留下良好印象。明明只有一面之緣，竟然就記得我的名字，想必他一定對我很有興趣——只要名字被記住，就彷彿自己獲得了認同。除了工作場合外，當彼此成為親密好友時，單喊名字或綽號也能迅速拉近距離；在職場上也是一樣，想和下屬、後輩或同事更加親近時，這個方法就蘊藏了十足的可能性。

加深關係與禮尚往來通常是一體兩面，所以我們也要懂得維持恰當的距離感。

更加分的貼心MEMO

在英語國家都
習慣互稱名字

在日本稱呼他人時，基本上都是在姓氏後面加上「先生」或「小姐」；然而在國外，就算彼此之間存在著上下關係，有時也會單以名字相稱。這在商務場合上是一種信賴的表現。在面對異文化時，我們需要抱持相互理解的態度。

讚美要讚得具體

KEYWORD 具體的讚美

習慣將優點化為言語，讚美就不是難事

當人獲得讚美時，會對稱讚自己的對象留下良好印象。但要是稱讚方式流於形式，也有可能會造成反效果。只要盡可能地具體描述變化和細節，對方也會明白你不是在說客套話。比方來說，假設只提到「你的衣服真可愛」，就是在單純稱讚衣服的可愛；若改成「這套衣服很適合你，非常可愛」，則是在讚美對方很可愛，能留下更美好的印象。

就讓我們養成習慣，用言語把自己覺得好的地方說出口吧。在說話的時候，記得一定要加入讚美對方的元素。其中最需要留意的一點，就是和過去做比較的說法。「現在變得比以前好耶」的敘述方式，等於是在公開表示之前比較差，反而會在對方心裡留下疙瘩。這時候如果改說「以前那樣也不錯，但現在感覺更棒了」，就算是在做比較，聽

高人一等的讚美技巧

STEP 1

只要覺得「好」，儘管大方說出口

即使是小地方，也可以大讚「很棒耶」、「真不錯」，讓對方聽到你的讚美。

STEP 2

具體的讚美

只是短短的讚美，對方可能無法明白你的心意，最好要具體說出你覺得哪裡好。若是穿著打扮，就可以說：「這套衣服的設計好有春天氣息，看起來真棒。」

STEP 3

讚美時不要否定過去

假如只有讚美當下，對方可能會誤解你覺得以前都不怎麼樣。必須改成說「變得比以前更棒」，在不否定過去的情況下來稱讚。

起來也不會覺得反感對吧？

在讚美對方的好地方時，要小心別掀開過去的黑歷史哦。

更加分的貼心MEMO

小心別讓讚美變成性騷擾

讚美是一件好事，但是對外貌和身材最好別讚美過頭。像是「你的身材真好」之類的言論，基本上都盡量別說出口，不然很容易會被誤會是性騷擾。

運用「緩衝用詞」與「問句」，順利提出請求

KEYWORD 緩衝用詞與問句

避免語氣太強勢，記得加上開場白和問號

要拜託他人做什麼事情時，我們常常會對親近的人簡短地丟一句「到○○來接我」。然而，無論關係有多親密，平時的溝通一旦變得隨便，就很容易會引發爭端。其實不僅是親密的對象，在商務場合多用「緩衝用詞」，言談時的印象也會變得柔和不少。例如「不好意思」、「若是方便」、「可以的話」等等。在進入正題之前鋪陳一下，你的態度就會顯得謙虛許多，減輕高壓的印象。此外，在拜託他人時也要事先詢問一下。不要直接說「請你過來」，而是先問「方便請你過來一趟嗎？」。像這樣改成問句的說法，對方也會覺得比較順耳。

縱使雙方早已約好，事前還是可以問一下：「今天○點約在○○，沒有錯吧？」這樣不但可以二度確認彼此的約定，謙虛的說話方式也不會令人反感對吧？但要是反覆詢

問太多次，反而會害對方必須花時間一一回覆你。能夠隨機應變來溝通，也是體貼對方的舉動。

「緩衝用詞」與「問句」的說法

緩衝用詞	＋	問句
不好意思	＋	能夠勞煩你做這件事嗎？
麻煩你一下	＋	可以在〇點以前 幫我確認完畢嗎？
如果方便的話	＋	可以告訴我嗎？

更加分的貼心MEMO

不要一次使用好幾遍緩衝用詞和問句

假如你一次連續問「可以麻煩你嗎？」、「之後方便一起行動嗎？」等好幾個問題，對方也必須花時間與你確認。在一件事情確定好後，你只要說「謝謝，那就麻煩你了」，以感謝的話來結束話題就可以了。

懂得「好話放後面」，溫柔提及負面評價

KEYWORD ＞ 養成好話後面的習慣

壞話放前面，後面再加上一連串讚美即可

在評價某件事物時，假如只會一股腦的讚美，有時聽起來反而欠缺說服力。此時只要在文句中加點負面的字眼，就能大幅增加說服力。這裡的一大重點，就是要把充滿負面元素的字眼放進哪裡。例如這句「○○雖然好，○○卻不行啊」，像這樣把負面的話放在後面，最後通常只會留下負面的印象；若是「○○雖然不行，但是○○很棒耶」，改成在後面添加正面的字眼，即使是同一件事也會變得只有好印象。所以後者的說法才是最佳選擇。

「好話放後面」的話術，容易讓人聽得進具有說服力的評價。不過，也不是常常加上「○○雖然不行」就對了。若非必要，最好還是別太常使用負面的字眼。我們當下必須隨時以冷靜的視角，思考自己是否該使用這個話術。要是太常這樣說話，也有可能會

懂得「好話放後面」，溫柔提及負面評價

✕	**正面**	**負面**
	雖然做得很好	可是花太多時間了啊
		↓
○	**負面**	**正面**
	雖然花了很多時間	可是做得很好耶！

被當成是在戳人痛處，反而破壞了自己的形象，使用時一定要多多留意哦。

更加分的貼心MEMO

即使之後會加上讚美，
也不是愛批評什麼都可以

要是太習慣「好話放後面」的話術，可能會讓人忍不住說出不必要的負面字眼。例如「原本以為你很恐怖，沒想到是個開朗親切的人」，要小心別像這樣意外爆料出對方在你心中的壞形象。

第一次見面，就從映入眼簾的地方聊起

KEYWORD 聊天的訣竅

與第一次見面的人交談時，若要化解緊張情緒，就先把映入眼簾的地方當作話題。例如「你穿的衣服真好看」、「今天的天氣真好」等等，從視覺資訊開始聊起，對方也會放鬆許多，更容易打開話匣子。

此外，假如你們是因為其他人的介紹才見面，在打招呼之前記得先提及介紹人才合乎禮儀。在派對等場合上，如果是你先向對方搭話，禮貌上來說必須主動報上名號。萬一對方沒有自我介紹，你也不必開口詢問，直接遞出自己的名片更顯瀟灑。要是對方對你有興趣，想必幾天之後就會自己主動聯絡你了。

在面對面的當下，最重要的是讓對方了解自己是值得信賴的人物，建立今後信任關係的基礎。在談話的途中或是最後，或許對方就會說著「我是這樣的人物」，主動向你遞出名片也說不定。

即使想要照本宣科地做，對方的反應也會因人而異。尤其是面對第一次見面的人，

都無法立即了解他的喜好吧。所以在這種時候，必須學著讓自己適度放鬆，抱持著期待與不同人互動交流的心情。

更加分的貼心MEMO

第一次見面時，千萬別聊到宗教和政治

主動與人搭話的時候，最好別提到有關宗教和政治的話題。因為你不曉得對方有什麼樣的宗教觀念和政治背景。萬一變成辯論大會，很有可能會打壞現場氣氛，為其他人帶來麻煩。

別問「最近過得如何？」，是非題才是最佳問法

KEYWORD＞提問

籠統的提問會讓人不知所措，問題越具體越好

想與他人拉近距離時，我們時常會問一個籠統問題：「最近過得如何？」然而，要是對方不太擅長與人聊天，或是會認真思考話中含意，他很有可能會不知道該怎麼答覆。想用問題打開對方的話匣子時，丟出「最近工作忙嗎？」、「家人過得好嗎？」等具體問題，會讓人比較容易回答。若想不出具體的提問方式，也可以搬出現正火紅的運動或名人話題哦。

反過來看，假如是自己被人問到「最近過得如何？」，你就可以明白對方只是想藉此打開話題，簡單回答「謝謝，我過得很好哦」就夠了。只要把這個問題想成英文的問候寒暄「How are you?（你好嗎？）」，其實就會好懂多了。在這個情況下，回答「Fine, thank you」即可。接著下來，就可以談起自己最近發生了什麼事，或是聊聊

不會給對方帶來困擾的問法

✕ 「最近過得如何？」

↓

〇
- 「最近還是一樣忙嗎？」
- 「〇〇還順利嗎？」
- 「〇〇先生／小姐現在過得好嗎？」

問題越具體越好

工作的話題。這只是開啟對話的開場白，大家大可不必想得那麼複雜。

更加分的貼心MEMO

貼心打造
放鬆的環境

想拉近彼此的距離時，必須要化解對方的緊張情緒。雖然實際情況會根據會議或商談的地點而異，但其實只要提供咖啡或茶點就行了。這樣不但能放輕鬆，也可以成為打開話匣子的話題之一。

在眾人面前發言時，視線要仔細看著人，並不時在途中停頓

KEYWORD 〉對話的停頓

視線不能只看向其中一人，必須對著所有人說話

若你想提升自己的溝通能力，其中一大重點就是要掌握對話的節奏和「停頓」。如果一股腦地想說什麼就說什麼，只會讓人越聽越厭倦，甚至跟不上話題，被你遠遠拋在後面。所以說話途中要不時看著聽者的眼睛，並且適時停頓，確認對方有沒有聽懂自己的話。假如你只是生硬地朗讀手邊資料，那些內容通常都無法深深留在記憶裡。

此外，要是聽者的人數有一人以上，只要你的視線確實地看向所有人，對方也會明白你是在說給自己聽。一般擅長說話的人，他的視線一定會不時朝向各個方向。所以你的眼睛不能只盯著其中一人，而是要對著所有人說話。

如果是聽別人說話，也要懂得好好把話聽到最後，不要中途打斷對方。為了讓講者可以透過表情動作知道自己有聽懂，一邊聽

一邊出聲附和也是重要的貼心舉止。在途中適度地發言，確認講者說的內容，就能讓會議或商談過程更加充實。

更加分的貼心MEMO

不會讓人厭倦的對話技巧

如果只會說「是啊」、「你說得對」來附和對方，雙方的談話很容易會失去新鮮感。你可以偶爾換成「聽起來真棒。這是○○的意思沒錯吧？」，像這樣在讚賞之後做二度確認，不但能夠互相理解，也能同時度過一段順暢充實的時間。

別因為害怕沉默就勉強開口

KEYWORD 沉默的時間

不是說得沒完沒了就是好

與第一次見面或是不擅長說話的人交談時，有時候不一定能聊得起勁，對話會在途中突然安靜下來。沉默的時間令人焦慮，對方也會覺得好尷尬。

在這種對話中，必須觀察對方是不是真的渴望熱絡氣氛。或許對他而言，比較偏好平靜和緩的說話方式。對這種人來說，連珠炮似的聊天方式反而會是一股壓力也說不定。

此外，你可能也曾經覺得不懂得炒熱話題的自己很不識相，不過，沉默其實是進行思考的重要時間。比起想盡辦法填滿空檔，我們更需要好好冷靜下來，站在客觀角度來思考自己該傳達什麼資訊，觀察對方當下的感受。

放下「沉默＝負面」的刻板印象，以樂觀的心態來看待這件事，抱持著沉默並不恐怖的想法來對話吧。

更加分的貼心MEMO

別害怕電話中的沉默，拿來當作思考時間就可以

由於無法透過表情觀察對方的情緒，電話中的沉默總是讓人更加害怕。但有時候對方是因為某些理由才無法好好接話，又或者只是在思考該怎麼表達才好。所以大家不用害怕，寬心地面對沉默吧。

交談前，要設想對方的狀況

KEYWORD 確認對方的狀況

先確認對方現在方不方便，有沒有說話的時間

想透過交談建立良好關係的時候，首先就是確認對方現在方不方便說話。當自己忙碌到被時間追著跑，很容易一不小心就會忘了顧及對方的狀況，自顧自地開啟談話。但是像這種以自己為中心的交談，很有可能會破壞彼此的關係。

第一步，就是先詢問一下對方現在的狀況，確認他是否有時間說話。假如對方剛好也很忙，難得的談話就有可能引發本末倒置的結果。事前要記得詢問對方有沒有時間進行討論或開會，並告知預計結束的時間，仔細確認他是否有辦法抽出空檔吧。有了這段確認的過程，或許對方就會設法為你特別撥出時間。要是你只擺出單方面的態度，與你談話的對象便會提不起勁，失去配合的動力。只要細心又有耐性地為他人設想，對方才能欣然加入談話。需要談論重要話題時，

一定要好好確認雙方行程，從容地安排時間。

更加分的貼心MEMO

如何開口提出為難的請求

要請人處理為難的工作時，有一個能讓你比較好開口的訣竅。就是先拜託對方做一件簡單小事，接著再請他處理比較花時間的困難工作。因為第一件小事可以輕鬆完成，對方也會自然而然地覺得自己辦得到之後的工作。

貼心名言

想讓自己無可取代，必須變得與眾不同。

可可・香奈兒

法國服裝設計師／企業家

第3章

讓工作更順遂

職場的貼心舉止

職場上的聯絡、報告和郵件來往，
都需要貼心地為他人設想。
現在就來學習圓滑處事的重要訣竅吧。

〈談話〉

活用敬語，保持恰當的距離感

KEYWORD 敬語

表達敬意能讓工作更順遂，待人處事更圓滑

職場上的交談，必須配合對方身分來區分合適的敬語。需要用到敬語的對象以客戶為首，包含任職公司的社長、常務董事等董事職位，還有部長、課長、主任、前輩等等，會依據自己的職位而定。

所謂敬語，是向對方表達敬意的用詞，同時也可說是與對方保持恰當距離感的工具。偶爾會遇到有人突然以親暱口吻對自己說話，讓人感到不知所措吧。在這種時候，其實敬語也能派上用場。考量自己的職位和立場後，若你也想拉近雙方的距離感，就不要使用一板一眼的敬語；反過來說，要是想保持一定程度的距離感，只要派出最高規格的敬語，就能守住自己的舒適圈。

想在職場發展順遂，不需要非必要的親密關係。敬語的力量能讓他人察覺彼此的關係，但不影響大家工作的適當距離。

想要說得更熟練的敬語

尊敬語

見面 → 拜會
告知 → 敬告
意見 → 高見

謙讓語 I

（矮化自己，抬高對方的地位）
前往 →拜訪
告知 →稟告
意見 →愚見

謙讓語 II

（客氣地表達）
離去 →告辭
告知 →呈報
意見 →淺見

鄭重語

告知 →報告

美化語

名字 →芳名
年紀 →芳齡
住家 →美寓

此外，用敬語來表達請託或疑問，口氣聽起來就會變得比較溫和。而且比起否定句的呈現方式，改用肯定句的句型更能增添好感度。

更加分的貼心MEMO

靈活運用 5 種日文敬語，根據場合隨機應變

例如「說」的敬語，會分成抬高對方地位的尊敬語、矮化自己的謙讓語，以及口氣鄭重的鄭重語。若能根據場合和人際關係靈活運用，就能成為高人一等的貼心高手。

〈穿著〉

不是追求「時尚」，而是挑選「令人安心」的衣服

KEYWORD 令人安心的服裝

要在工作場合獲得好印象，就要選擇令人安心的打扮

根據心理學證實，表情、服裝、態度等視覺資訊是最容易影響對方，最能傳遞資訊的部分。也就是說，關於商務人士必須注重服裝禮儀，不能愛怎麼穿就怎麼穿。服裝打扮也要為他人著想，懂得穿上令人感到安心的衣服。如果換上自己喜愛的風格或是時髦穿著，想必做起事來一定會更有幹勁吧。然而在商務場合，服裝帶來的印象就等於是公司的形象。穿上令人安心的服裝，能夠表達自己是個了解常識的社會人士，彼此也比較容易維繫今後的關係。

另外像是妝髮、鞋子和首飾，一樣也要多加留心哦。商務場合以西裝打扮為原則，外套與裙子的比例為4：6，換成3：7則是能讓腳顯得更修長。就算是不需要穿西裝上班的職種，第一次見面時只要披件西裝外套，就能展現嚴謹的態度。一般襯衫和女裝

商務場合的基本打扮

襯衫挑選白色或質料原色，搭配自然膚色的絲襪，鞋子則穿黑色或咖啡色的經典包頭鞋，就會是最有安心感的萬用打扮。

更加分的貼心MEMO

髮型以清潔感為重

露出耳朵，展現清爽形象是第一要點。這樣不僅有清潔感，打電話的時候也比較方便。若是長髮的話，就簡單綁在較低的位置。鞠躬時，注意別讓頭髮碰到臉了。

〈舉動①〉

平時就要注重回應

KEYWORD 確切的回應

明確的回應能打造良好印象和信任感

當你出聲叫喚某個人時，要是對方沒有任何反應，你會不會覺得自己被當成空氣，感到沮喪呢？只要不對別人做出自己也討厭的事，幸福女神一定會願意對你微笑。所謂的回應，就是一種重要的交流手段。做出回應的舉動，同時也代表「我有認真在聽」的意思。為了避免發生你覺得自己有答覆，但對方卻不曉得的情況，記得一定要讓對方聽到你的回應哦。

回應的一大重要元素，就是應聲附和了。附和時要注意的地方，就是開口的時機和表情，還有回話的內容。假如從頭到尾只會說「是的，是的」，聽起來不但像在催促人趕快說完，對方也無法靜下心來好好說話；但如果回應的次數太少，也有可能會讓對方擔心你有沒有認真在聽。

此外，也要小心別連珠炮似地發問，以

免對方不好繼續說下去。只要選在不會蓋過對方說話，正好要喘口氣的時候，或是視線看向自己的那一刻出聲附和即可。

得體的回應

收下東西時	「謝謝你」
被叫到名字時	「好的，我現在就過去」、「好的，馬上來」
接受指示時	「我明白了」、「我了解了」
無法馬上處理時	「我立刻去做個確認」、 「不好意思，能請你稍等一下嗎？」

更加分的貼心MEMO

點頭附和時，
要一邊看著對方一邊表示贊同

一邊傾聽一邊點頭也是一種回應方式，還可以同時加上表示贊同的答覆。點頭的動作和應聲附和一樣適度即可，要是重複太多次，就會讓人納悶「你真的有認真在聽嗎？」。聽到重點部分的時候用力點２次頭，更容易讓對方感受到你的心情。

〈舉動②〉

掌握周邊資訊！洞察先機並採取適當行動

KEYWORD ＞ 超前部署

察覺需求，超前部署

要在工作場合展現貼心舉止，必須先確切掌握周圍狀況和資訊。為了做到這一點，就讓我們試著觀察身邊的情況吧。

若是工作途中，要分神關心其他事情其實不太容易吧。不過，即便是在這種狀況也要眼觀四方，抱持著隨時能接收資訊的態度。只要秉持這個心態，就會逐漸轉化成一種意識，自然鍛鍊出察覺他人需求的洞察力。

接下來，當你掌握到資訊時，就試著以此預見對方的計畫，並根據自己的先見之明採取行動。你不僅要看穿對方的期望，還要以明確行動達成需求。有辦法協助他人才能獲得喜愛，被視為值得信賴的人才。

你不妨可以先在日常生活中，觀察身邊的人有什麼樣的需求，並設法助上一臂之力。如果私底下做得到這樣的貼心舉止，在職場上一定也會成為受眾人感謝的貼心高

貼心思維的訓練

STEP 1　為什麼需要製作資料？

↓

STEP 2　為了讓交易對象了解專案的需求度。

↓

STEP 3　該準備什麼樣的資料才能讓交易對象明白？

↓

STEP 4　設計一目了然的圖表和表單。

手。

更加分的貼心MEMO

試圖觀察他人需要的協助

要培養先見之明的能力，必須養成先動腦再動手的習慣。比方來說，假設你要製作促銷的資料，必須先自問自答一下「為什麼要做這些資料？」、「要如何做得淺顯易懂？」。當你習慣這種思考模式後，就能了解他人會有什麼樣的需求了。

〈舉動③〉

學會視場合而異的行禮訣竅

KEYWORD 區分5種行禮方式

自然適宜的行禮，展現成熟的舉止

如果你以為只要低頭就是行禮，那就大錯特錯了。行禮分成5種類型，必須根據對象和場合來區分使用。稍微垂下視線的**注目禮**、經過人前時輕輕致意的**點頭禮**、初次見面時的**普通禮**、表達謝意或目送客人的**最敬禮**、還有深深彎腰90度的**拜禮**。若能根據場合展現自然優美的正確行禮，這樣的人看起來一定會十分優雅吧。

行禮是日本自古以來的習慣，並分成了站禮和座禮。一般商務場合上比較常看到站禮，就算原本是坐在椅子上，大家也會特別站起來行禮。學會如何優雅行禮，也能讓你的第一印象立刻提升好幾個等級。衷心期盼大家都能學會正確的站禮。

第一步就從抬頭挺胸、維持優美姿勢開始做起。女性只要腳跟和腳尖併攏，就能營造優雅形象。要和男性一樣張開腳尖時，

視場合而異的 5 種行禮方式

注目禮

輕輕垂下視線表示問候，在電梯等地方遇到熟人時的行禮。

點頭禮

彎腰約 15 度左右，與人擦身而過時的問候。

普通禮

彎腰約 30 度左右，用來向第一次見面的人致意。

最敬禮

彎腰約 45～60 度左右，表達感謝或歉意。

拜禮

彎腰 90 度，表達深切感激或賠罪。

保持張開在30度左右的位置比較有女人味；彎腰的時候，頭頂至腰部要維持一直線，並注意不要彎曲脖子。彎腰至適當位置後數到3，再緩緩地抬起身體。

更加分的貼心MEMO

熟知彎腰角度才能優美行禮，找出最適合自己的做法

點頭禮彎腰 15 度、普通禮彎腰 30 度、最敬禮彎腰 45～60 度、拜禮彎腰 90 度。注目禮只要低垂視線致意，視線隨著上半身自然移動即可。要小心如果特意將視線移到地上，脖子就會看起來不夠挺直了。

〈舉動④〉

記住合乎禮儀的席次安排以表敬意

KEYWORD　席次的禮儀

離出入口近的為下座，離出入口最遠的為上座

在商務場合，誰坐哪個位置都有規矩，必須配合上下關係來安排座位。

一般席次分成上座和下座，上座是長者或職位較高者的位置，下座則是幼者或職位較低者的位置。原則上，離出入口近的是下座，離出入口遠的是上座。關於席次，自己選擇下座表示謙遜態度，帶領客人坐在最舒適安全的座位以示敬意，具有用心款待的意涵。

雖然一般的席次安排都是長幼有序，但其實以禮儀的本質而言，正確答案不會只有一種而已。因為以原本的意義來看，只要是尊長想坐的位置就可以作為上座。

例如在搭新幹線或飛機時，一般都是靠窗座位被視為上座，但還是有人偏愛靠走道的位置；也有人因為身體因素，覺得坐得離出入口近一點比較方便。像這樣不僅要熟知

有記有用的基本席次範例

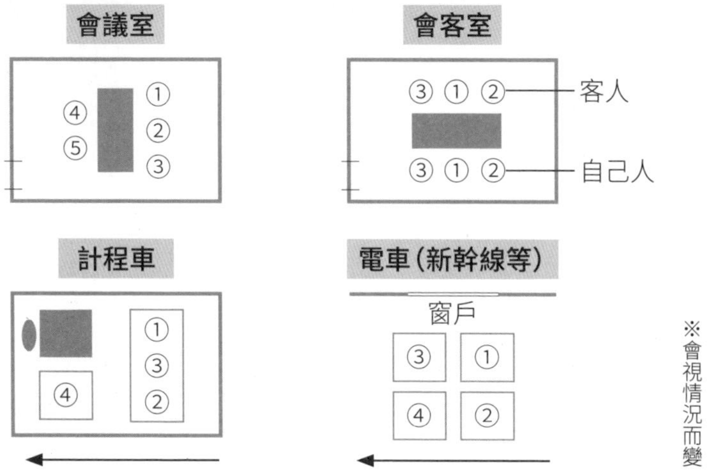

基本席次的意義，還要懂得配合當事人的喜好和狀況做應變。為了保險起見，最好把這些都記在心裡哦。

更加分的貼心MEMO

商務拜訪時，一般都是坐在對方安排的位置

拜訪客戶時，原則上都是坐在對方安排的位置。如果沒有特別指示的話，就選擇坐在上座之中最接近下座的位置。若是專程去致歉，記得不要坐下來，站在一旁等待即可。

〈舉動⑤〉

偶爾用信件或卡片傳遞手寫訊息

KEYWORD ＞手寫訊息

想留下深刻印象，就在這個數位時代特別選用手寫訊息

現今的工作往來，幾乎都是透過社群媒體、電子郵件、以及線上商務交談工具。正因為如此，手寫信件不僅能讓收到的人感到高興，也容易留下深刻印象。

手寫訊息會如此令人深刻，是因為能讓對方知道你為了自己花費心思，除了產生好感之外，也容易留存在記憶裡。此外，人們

常說文字會顯露一個人的品格，想必也能藉此表現出你的體貼和溫柔。

不過話雖如此，也有不少人不擅長親筆書寫信件，其中大多數的人都是覺得「寫字不好看」。但其實大家不必擔心字好不好看，只要有用心寫下充滿個人風格的文字就足夠了。

不習慣寫字的人不一定要選擇信件，也可以從訊息小卡開始寫起哦。先從寫一句話來起步，一定會比想像中的更容易實踐。

如果是橫跨多張信紙的長文，有時候也會給對方帶來負擔。若要寫信，最多寫到2張信紙左右就行了。

更加分的貼心MEMO

若要寫給尊長，可選用簡約設計的信紙或卡片

你不妨可以先試著在寄送資料時，在明細單據上加一段問候看看。如果是在自己的辦公室，送還物品時順道加一張寫了訊息的便條，也足以傳達你的心意哦。除此之外，特別選用適合對方的信紙或卡片也會讓人感到開心。

〈報告①〉

即使只是芝麻小事，也要記得「報聯商＋確」

KEYWORD 報告、聯絡、商量＋確認

迅速明瞭的報聯商＋確，是讓工作順遂的重要步驟

「報聯商＋確」是商務人士的必備習慣。對於需要同心協力，共同拿出成果的團隊來說，可說是相當重要的處事原則之一。

所謂報告，是要匯報自己承接的工作過程和結果，傳達各種必要資訊。委託方會根據你的報告內容做出應對，或是進行修改方針的判斷，所以不管多麼微不足道的小事都得報告。其中一大重點，就是要盡量報告得迅速又簡潔。發生狀況或失誤時，更要盡快及時呈報。

關於聯絡，是與相關人士共享必要資訊的步驟。必須思考該向誰傳達什麼樣的內容，也要考量到資訊的急迫性和機密程度。由於會對今後的業務產生影響，必須秉持正確又迅速的處事態度。

商量則是與主管或前輩討論今後的工作，思索未來的方向性和判斷。平時和主管

區分使用電話、電子郵件、書面文件

電話
報告急迫性高的事情。請別人幫忙傳話時，也可晚點再用電話二度確認。

電子郵件
報告急迫性不高的事情，能同時聯繫一人以上。緊急時也可改用電話聯絡。

書面文件
報告急迫性低的事情，用來告知定期活動的聯絡方式。

維持良好聯絡，商量事情就會變得方便許多。也別忘了向主管或前輩做好確認，以防發生失誤。多一道確認，就可以防患未然。

更加分的貼心MEMO

增加單純的接觸機會能提升好感度，也容易做到報聯商＋確

「單純曝光效應」是一種只要接觸過好幾次，便容易產生好感的心理現象。所以當你頻繁地進行報告和聯絡，就有機會讓人對你感到放心。大家不妨可以利用問候或閒聊的單純接觸，進而提升自己的好感度。

〈報告②〉

向主管報告時先提結論，再慢慢說明細節

KEYWORD 報告要從結論說起

在報告中正確傳遞必要資訊，從而提升個人評價

有時候如果報告得太晚，不僅攸關自己的工作成果，也會連帶影響到整個專案，甚至是所屬部門和公司上下。此外，若要獲得主管的信任，無論報告內容的好壞與否，盡快回報才是重要關鍵。

直接面對面或是透過電話進行報告時，記得事先確認對方現在是否有空，並選擇在良好的時機優先傳達結論和成果。假如是使用電子郵件，只要在正常上班時間內傳送就不會有錯了。為了預防對方聽得一頭霧水，必須將客觀事實與個人意見分開表達。原則上來說，報告時只要正確傳達事實就足夠了。

當有很多事要報告的時候，先從重要性和急迫性高的部分開始回報。要是同時有好消息和壞消息，就要先提壞消息。如此一來，若有需要應對的狀況，就可以盡早擬訂

得體的報告流程

確認對方的行程

報告前先確認對方的行程，詢問一下「現在有時間嗎？」。

▼

從結論說起

以結論→細節的順序來說明，比較容易讓對方充分理解。運用「遺憾的是～」等緩衝用詞，聽起來會加更客氣有禮。報告時不要情緒化，必須正確傳達事實。

▼

確認下個任務

接獲主管的建議後，要重新複誦一次重點，接著確認自己的下個任務。

▼

行禮

最後說一聲「謝謝」，以表達自己的謝意。

對策。此外，假設對方特別關注某個案件，必須優先回報該案件。

在說完「我的報告到此為止」之後，還要確認一下有沒有追加的指示，最後也別忘了加上感謝的話。

更加分的貼心MEMO

在主管開口前，
就要主動回報進度

即便是急迫性不高的報告，也不能放置到主管或前輩主動問你「那件事處理得如何了？」。適度與主管溝通，也是讓業務更順遂的必要之務。

〈請託①〉

以疑問句表達請託，更容易讓對方點頭

KEYWORD 疑問句的請託

不同的請託方式，會影響對方是否接受的判斷

為了讓人爽快地接下工作請託，就讓我們來學習開口拜託人的訣竅吧。

與其說「請幫我整理資料」，改成「可以幫我整理資料嗎？」的疑問句型，能讓對方覺得自己有決定是否幫忙的權力。

要是你還能說「希望你能幫個忙，不曉得你有沒有時間？」，表達出如果能得到一臂之力，你會多麼欣喜又感激的心情。最後那句「不曉得你有沒有時間？」的疑問句，可以促使對方點頭回答「我來幫你吧」。只是加上一段「希望你能」，就能讓對方明白你有多麼需要自己的力量，並願意伸出援手。

畢竟對方有權決定要或不要答應，所以就算對方是自己的後輩，也一樣要秉持謙虛態度來開口。

此外，為了方便對方做判斷，還要提供

促使對方點頭的疑問句型

×		○
「請看一下這份資料。」	➡	「若你有時間，方便確認一下這邊的資料嗎？」
「請你來幫忙。」	➡	「不好意思。雖然會造成麻煩，可以拜託你幫個忙嗎？」
「請在○點以前處理好。」	➡	「能請你在○點以前處理好嗎？」

請託的目的、期限、原因等必要資訊。要是還能再說出「因為是你，我才會開口拜託」，利用具體話術觸動他的自尊心，對方答應幫忙的可能性就更高了。

更加分的貼心MEMO

說出請託原因，
能讓對方更容易點頭答應

因為某個刺激，促使人展開實際行動的現象稱為「自動化效應」。從這個現象可得知在請求他人時，如果同時表示「因為○○，可以讓我做○○嗎？」，像這樣說明原因的話，對方點頭答應的機率就會頓時提高。

〈請託②〉

在請託之後，一定要表達感謝之情

KEYWORD 表達感謝之情的方式

多加一句正面話語，讓你的體貼更上一層樓

在團體之中，彼此互助合作能提升整體效率。然而，其中一定還是會存在著容易鑽牛角尖，害怕帶來困擾而不敢求助的人。想要順利獲得援助，就要懂得說出讓人願意欣然答應的話。

在行為經濟學中，有一種稱為「峰終定律」的思維。一般人判斷某件事物的整體印象時，通常只取決巔峰（令人最亢奮的部分）與最後的部分。而這個定律，也可以拿來用在商務的場合上。

依照這個定律來看，當別人同意自己的請託後，我們最好要盡快用言語表達感激之情。在致謝的時候，要是還能像這樣說「謝謝你的鼎力相助，專案也進行得很順利」，多添上具體又正面的一番話，就會是更上一層樓的貼心舉止。

你說出正面話語不只會影響對方，也會

為你本人帶來良好的效果。職場氣氛變得更加明亮，團隊成員的關係也會變得更緊密。

更加分的貼心MEMO

只要有了一個美好的句點，小小失誤也沒什麼大不了

根據峰終定律，就算在商談過程中有一些失禮之處，只要在最後留下好印象，就有機會來個逆轉勝。記得在離開時不要瀟灑地轉身就走，必須用心道別，擺出一副依依不捨，想趕快再見下一面的態度，便能在對方心中留下好印象。

〈拒絕①〉

回絕工作委託時要提出備案，清楚拒絕

KEYWORD 回絕工作委託時要提出備案，清楚拒絕

致歉之後提出其他備案，就能沖淡被你拒絕的印象

有時候，我們會遇到不得不拒絕工作委託的情況。根據當下的應對方式，甚至會影響彼此之間的關係。拒絕總是難以啟齒，但是比起含糊的態度，說得清楚明瞭也是為了對方好。

回覆拖得越晚，越容易造成對方的困擾。其實只要經過換位思考，試想一下如果有人拖到最後一刻才拒絕你，便能了解這個舉動是多麼令人頭痛了。越早拒絕，就越能幫助對方。

尤其在面對交易對象或客戶時，更要盡可能地早點拒絕。不要為了保護自己的形象拼命找藉口，要讓對方明白自己是為了他好，才不得不忍痛做下這個決定。在拒絕的時候，也要懂得為他人設想。除此之外，不要單單只是拒絕說「真的非常抱歉，這次辜負你的期待了」，可以像這樣說「若是明天

不會留下壞印象的拒絕方式

能麻煩你在下午 5 點以前整理好資料嗎？

✕ 不好意思，我無法辦到你的要求。

↓

○ 不好意思，我無法在下午 5 點以前完成這份工作。如果改期到明天中午以前，我就處理得完。你覺得如何呢？

〇點，我就可以幫忙處理。你覺得如何？」，主動提出另一個替代方案。雖然一旦回絕了請託，有可能造成雙方關係惡化，但要是能在道歉之後提出其他備案，便可以讓對方感受到你的關懷，沖淡原本被拒絕的印象。

更加分的貼心MEMO

若是拒絕公司內部的委託，盡量別以工作很忙作為理由

在職場上被人委託工作，但自己無法承接的時候，記得不要說「抱歉，我現在很忙，無法處理」，而是委婉地改成說「不好意思，我現在手邊的工作太多，沒辦法立刻處理，有可能造成你的麻煩」。

〈拒絕②〉

果斷拒絕推銷，別讓對方抱有期待

KEYWORD 拒絕推銷的方式

別回答得含糊籠統，浪費對方的時間

即使是拒絕推銷，一想到業務員的心情還是會於心不安。例如在商談結束之後，對方突然說著「我們最近有了一項新服務……」，談起這樣的提案時，你會如何回答呢？如果彼此已經持續一段的良好商務關係，想必很多人都會覺得「不聽他說一下會太失禮吧？」。

不過，若你原本就打算拒絕，卻還讓對方繼續介紹的話，只是在浪費別人的寶貴時間而已。這種時候不用說客套話，一開始就回絕才是最佳解方。

在拒絕的同時，別忘了解釋「目前沒有這個計畫」、「沒有多餘預算」等原因。只要正經地說明理由，一定能夠獲得諒解。當對方停止了推銷，轉往其他話題時，就表示他接受了這個結果。

考慮到與交易對象之間的合作關係，

就算是拒絕推銷的場面，也還是要記得加上「雖然機會難得」、「雖然這是○○先生／小姐的介紹」等緩衝用語。像這樣顧及對方的感受，就是溝通交流的貼心舉止之一。

更加分的貼心MEMO

要求寄送參考資料，節省對方的時間

當客戶提出疑問，你卻沒有當下做判斷的權力時，就不要立即答覆。最好先表示「我會轉告主管，方便寄送參考資料嗎？」，經過內部確認之後再做回覆。

〈致歉①〉

致歉注重「速度」和「誠懇」，必須面對面，或是透過電話和郵件

KEYWORD 有誠意的道歉

為了重獲信賴，必須慎選文字，拿出誠意道歉

在出狀況的時候，最重要的就是馬上道歉。縱使是你覺得不需要道歉的小事，有時候也會在公司之間衍生問題。只要誠懇道歉，就能化解彼此的芥蒂。

在商務場合上，一般都是當面道歉。但要是雙方距離得遠，就先用電話誠懇道歉，等對方之後願意撥空見面，再親自跑一趟致歉吧。若相距遙遠，可以詢問對方是否有時間遠端連線，讓你在線上面對面道歉。

登門道歉時最好選穿黑色或深藍色，顏色較低調的深色系西裝，髮型也要整理得簡約樸素。

關於用字遣詞，記得用心挑選得體的措辭，一開口就先說「這次讓您感到不快，實在萬分抱歉」，真誠地表示歉意吧。接下來，再老實說明失誤的內容和經過。此時不要尋找藉口或解釋，必須表達你想道歉的真摯心

情。透過誠懇道歉和今後的應對，設法找回對方的信任吧。

不找藉口的致歉郵件

✕

主旨：關於前陣子的事件

○○先生／小姐

承蒙關照了。

這次的事真的非常抱歉。

我的下屬疏於確認，才會不小心遲到了。

➡

○

主旨：對於不守時致上歉意

○○先生／小姐

平時承蒙您的深切關照。

這次沒有遵守約定好的時間，我感到相當抱歉。

希望能另外在○○先生／小姐方便的日期和時間……

更加分的貼心MEMO

發生問題時，盡早傳送郵件致歉

寄送電子郵件致歉時，最講求的就是速度感了。為了讓人一眼就知道你是寫信來道歉，在郵件主旨就要加上致歉的文字。並且和登門道歉的場合一樣，用字遣詞必須得體有禮，也不要為自己辯解。在道歉之後，若能再提出應對措施就更好了。

〈致歉②〉

出狀況時，必須打電話道歉

KEYWORD 打電話道歉

別因為不擅長就逃避打電話，要懂得運用電話的優點

早已對你失去了信任，不一定願意特別撥出時間見面。不顧對方的行程安排，硬要當面道歉的行為只是火上加油，所以事前一定要好好做過確認。

現在社群媒體當道，講電話的機會變少，似乎有越來越多人覺得「自己不擅長講電話」。電話能讓雙方直接對話，最大的優點就是可從語調和口氣查覺彼此的情緒。即使看不到臉，比起只有文字的電子郵件，用電話更能讓對方理解你的歉意。

在問題狀況一發生，除了寫電子郵件之外，同時也可以立刻打電話道歉。

道歉完後，要是還能向對方報告今後的應對措施就更完美了。但是話雖如此，與其忙著在公司研擬對策，導致道歉時機越拖越晚，不如趕快打電話致歉再說。先在電話中表示「會另行通知今後的應對措施」，之後

再提出解決方案和預防措施，設法挽回信任吧。

更加分的貼心MEMO

只要有打電話道歉，就算沒有聯絡上對方也能傳達誠意

打電話道歉時，即使沒有實際聯絡上對方，也可以請接電話的人轉達訊息或語音留言，甚至只是留下來電紀錄也好。光是這樣就能透露你想盡早致歉的事實，表達你的誠懇態度。

〈郵件①〉

1行最多30字，讓郵件更好閱讀

KEYWORD　易讀的電子郵件

站在收件人的立場思考，寫出好懂又好讀的內容

所謂電子郵件，是讓收件人光看文字，就能獲得必要資訊的商務交談工具。因此，希望你能站在收件人的立場來思考，設法寫出方便閱讀的內容。我們平常大多是透過郵件與工作對象互動，所以只要掌握商務郵件的基礎就不用擔心了。

關於郵件主旨，必須要具體得一目了然。一般人通常都會先確認主旨，萬一寫得不清不楚，有時候對方一忙起來，可能一不小心就會擱置你的郵件。所以為了吸引目光，一定要記得寫對主旨，以免被埋沒在大量的商務郵件中。

正文的行首要靠左對齊，1行最多不超過30字。要是1行的文字太多，看起來就會密密麻麻，讓人提不起勁仔細閱讀。此外，還要懂得調整行間距離，注意不要使用環境依存文字的記號，這樣就能寫出適合閱讀的

易讀的電子郵件

主旨：關於開會的日程

○○先生／小姐
承蒙您的照顧了。
我是○○公司的△△。
在此告知下次開會的詳細日程。

●時間：6 月 1 日　10：00～11：00
●地點：敝公司○○會議室
●出席者：（貴公司）○○先生／小姐、○○先生／小姐、（敝公司）△△
●會議主題：□□的目前進度與未來課題

POINT 1
名字後面加上適當敬稱

POINT 2
1 行不超過 30 字

POINT 3
適度換行，方便閱讀

POINT 4
運用格線或記號，讓內容更明瞭

電子郵件了。

寫完之後，最好自己重新看過一遍，推敲出適宜的寫法。最後也要仔細檢查收件人的信箱地址、錯漏字和選字錯誤。

更加分的貼心 MEMO

選擇適合商務郵件的敬稱

電子郵件也是一種書信，其中又屬商務郵件最為正式。若收件人是尊長，用對敬稱更能表達敬意。同時也要再三檢查有沒有寫錯對方的名字喔。

〈郵件②〉

在前文寫下結論，看起來更簡明扼要

KEYWORD ＞在前文提及結論

1封信寫1件事，要聯絡多件事時必須分成不同封信

有效運用前文，就是寫商務郵件的訣竅之一。前文指的就是寫在正文之前，像是開場白一樣的段落。在這裡可以寫一行「在此回覆關於您詢問的〇〇」，提及這封郵件的重點結論。只要先在前面寫下結論，便能預測接下來的信件內容，加深對方的理解。

在商務郵件中，有時候是要回絕對方的請託。通常在這種時候，我們都會覺得前文很難寫吧。然而，比起突然在郵件的開場白提到拒絕理由，不妨先客氣地寫下「萬分抱歉……」，在表達歉意的同時寫出結論，便能建立起良好的互動。

要聯絡1件以上的事情時，只要分成不同主旨的郵件分開傳送，對方之後要搜尋就會比較方便。要是把不同事情都塞在同一封郵件，不僅容易看漏，想重新讀信的時候也很難馬上找到。如果要分別寄送多封郵件，

在「前文」提及結論，讓郵件更簡明扼要

主旨：關於◎◎的今後計畫

〇〇先生／小姐
承蒙您照顧了。
我是〇〇公司的△△。
恕我冒昧，本次是要聯絡有關◎◎的事情。

1）關於目前狀況
・・・・・・・・・・・・・・

2）關於目前行程
・・・・・・・・・・・・・・

POINT 1
在前文提及結論

POINT 2
如果要聯絡 1 件以上的事情，要分成不同主旨的郵件分開傳送

※ 用「附註」的方式添加其他要事也可以，但對尊長不能這樣做

建議你可以貼心地在第一封信裡提及「會再寄送另一封信聯絡其他事情」。

更加分的貼心MEMO

用 1 封信連絡 1 件以上的事情時，記得註明在前文和主旨

要同時聯絡 1 件以上的事情時，記得在前文提及「本次要聯絡 2 件事」，告知對方這封信有幾個重點。最好還能寫成條列式，閱讀起來會更加一目了然。另外也可以在主旨中註明好，對方在讀信時就能做好心理準備。

〈郵件③〉

往來聯絡要精簡，別造成對方的負擔

KEYWORD 電子郵件的往來

一開始就寫出具體提案，有效精簡聯絡次數

收到大量的來信時，可能光是閱讀就要耗費大半時間。為了避免給對方帶來負擔，必須設法減少郵件的往來次數。如果是要調整日程，可以在第一封信就提供3個選項。最好還能告知對方若是不方便，可以另外提出有空的時間。像這樣一開始就寫得具體，便能精簡往來的聯絡次數。

商務郵件的回信必須快狠準，但有時也會剛好碰到商談或會議，沒辦法當下立刻回信。在這種時候，最晚也要在24小時內做個回應，讓對方放心。

當對方需要獲得你的答覆時，更該迅速應對。假如你知道太晚回信會造成什麼後果，建議你至少先回一封信通知「先向您報告我已看過來信了」。要是毫無回音，對方甚至會擔心郵件是不是寄丟了。若你能告訴對方「我會在後天以前做出回覆」，像這樣

通知可以回信的時間，雙方的互動就會順遂許多。

更加分的貼心MEMO

收到 CC 郵件時，讀完後不回信也可以

放假後的信箱總是會堆滿未讀郵件，有時也會包含幾封因為部門關係，需要共享資訊的 CC 郵件。這些 CC 郵件通常只要看過就好，不需要特別回信。

〈郵件④〉

學會各種關心對方的「問候」與「結語」

KEYWORD 問候與結尾的寒暄

左右郵件印象！在問候與結語下足工夫

商務郵件的開頭先是收件人姓名，接著下來就是問候了。一般寄給公司外部會寫「承蒙您關照了」，公司內部則寫「辛苦了」。雖然這些問候通常都很制式，如果你可以根據對象和內文，修改成合適的寒暄文句，便能不著痕跡地展現你的體貼。

假如是第一次寄信給對方，可以寫「冒昧來信」；若是許久沒有聯絡的對象，則是寫「久別無恙了」。你可以像這樣根據彼此的關係，分別用不同方式來問候。

如果是回信，可以寫「十分感謝您的聯絡」、「多次去信，真是抱歉」等等。在開頭感謝對方的回覆，或是對於一來一往的頻繁聯絡表達歉意，表現出你的關心。

如同開場白的問候，結語也是相當重要。一般常見的都是寫「請多指教了」，但你可以在前面加上「麻煩了」、「望您參

貼心的問候與結語

問候	結語
別來無恙了。	今後也請多多指教。
冒昧來信。	麻煩您多多參考了。
平時承蒙您的關照。	本封信無需回覆。
十分感謝您的聯絡。	關於詳細資訊， 之後會再去信聯絡。
感謝您的迅速聯絡。	我會盡快聯絡。
容我先表達謝意。	祝福您鴻圖大展。

考」、「今後也是」，稍微變化一下。要是還能再添上「百忙之中勞煩您了」、「雖然是個不情之請」，像這樣顧及對方的感受，更能顯得客氣謙虛了。

更加分的貼心ＭＥＭＯ

加上關心對方的話或是季節性的問候，增添一番風情

例如「換季時氣候多變，請多注意身體」、「夏日炎炎，請多保重」，像這樣放入季節感＋關懷的問候。大家不妨可以試著在制式的文句裡，添加一點個人的作風。

〈郵件⑤〉

靈活運用「貼心話語」，不要單方面地擺出強勢態度

KEYWORD＞委託信

簡潔明瞭地傳達需求，也別忘了表示敬意和關心

像是商談或會面的需求、委託製作估價表、要求寄送資料等等，在商務場合上時常需要寫「委託信」。在表達我方需求的同時，也要懂得為對方設想。

儘管是我方有事要委託，但如果寫得太含蓄，小心會讓人一頭霧水。別忘了保持禮貌，簡潔地告知你的委託需求吧。

要是突然在信中寫到「請你做～」或是「交給你了」，可能會讓對方覺得你的態度太強勢。最好可以參考「希望您考慮看看」的句型，改成「希望您能做～」、「方便麻煩你處理嗎？」，表達得委婉一點。除了委託信之外，在其他場合也同樣建議你用婉轉措辭取代千篇一律的敬語，提升好的形象。

此外，若要緊急找人來幫忙，必須為對方設想得更周全。記得活用「很抱歉這麼突然拜託你」、「我明白這是個不情之請」等

貼心的委託信

修改前	修改後
主旨：關於行程 ○○先生／小姐 承蒙您的關照了。 我是○○公司的△△。 關於前陣子告知您的◎◎行程， 現在突然臨時有了變動， 麻煩您確認一下了。	主旨：關於行程 ○○先生／小姐 承蒙您的關照了。 我是○○公司的△△。 關於前陣子告知您的◎◎行程， 由於我方希望提前行程， 所以想與您商量一下。

緩衝用語，先細心顧慮對方的心情，再提出你的委託需求吧。

更加分的貼心MEMO

委託信寫得太死板，也會令對方反感

畢竟我方是站在尋求他人協助的立場，所以在表達需求時，一定要設身處地為對方著想。信中要懂得利用緩衝用詞和婉轉措辭，並放入自己的感激之情。當對方點頭答應時，別忘了表達你的謝意哦。

〈郵件⑥〉

過了期限就寫信催促，委婉得體地提醒對方回信

KEYWORD 催促信

就算我方沒有任何失誤，依然要理性地冷靜應對

守時是工作的重要原則，要是遲遲沒有收到交易對象的回信，就需要寫信催促。雖然一般人都不喜歡做這種尷尬事，但對方也有可能只是忘了而已。為了避免傷和氣，並設法讓工作順利進行，就讓我們來好好學習一下催促信的寫法吧。

在寫催促信時，一大前提就是不能感情用事。即使自己沒有任何失誤，也不能在信中苛責對方，必須優雅冷靜地應對。在顧慮對方心情的情況下，只要委婉表示「請問在那之後，您是否確認過了？」、「不好意思，因為我方時程關係」，這樣就能達到明顯效果了。

關於寄信的時機，原則上只要超過原本說好的期限，就可以寫催促信了。又或者是在期限前一天，委婉地寫信提醒對方確認也是一個好方法。

委婉的催促信

主旨：有關◎◎一事

○○先生／小姐

承蒙您的關照了。

我是○○公司的△△。

○月×日時，我有用郵件寄送資料過去，不曉得您是否看過了呢？

預防萬一，我再隨信附上一次資料，煩請確認。

●其他婉轉說法

- 之後情況如何了呢？
- 請問您已經確認了嗎？
- 不曉得您覺得如何？
- 您百忙之中或許忘了，但還是麻煩您盡快回覆。

若是需要趕快收到回覆的案件，在寄信之後最好可以打通電話，或用ＬＩＮＥ做個確認。這樣可以預防郵件寄丟，化解對方可能沒有讀信的意外狀況。

更加分的貼心ＭＥＭＯ

在寫信催促前，先檢查一下自己的收件匣、寄件匣和草稿匣

有時在通訊環境的影響下，也有可能發生郵件寄送失敗，或是對方的回信被分類到垃圾信件匣等狀況。先檢查一下自己的信箱有沒有問題，確認真的沒收到回信之後，再寫信去催促對方吧。

〈郵件⑦〉

身體不適要請假時，報備工作進度

KEYWORD 〉請假時的聯絡

僅交接當天需要代理的事項，重回崗位後記得向主管和同事道謝

無論再怎麼謹慎，任何人的身體都有可能出狀況。這種時候不要勉強自己去上班，好好休養，盡早康復才是上策。必須請假時，一定要迅速寫信聯繫主管。

在信中，首先要針對臨時請假一事表達歉意。接著就是提及請假原因、今日的預定安排、還有預計何時回公司上班。其中絕對不能忘記的，就是報告自己負責的業務進度，以免給其他同事添麻煩。

若要請人幫忙代理職務，僅交接請假當天不得不處理的事項就行了哦。只要在請假信中註明緊急時的聯絡方式，代理職務的同事不用擔心遇到突發狀況。

假如當天有客人要來訪，或是預計去拜訪交易對象的話，要記得親自打電話致歉並說明原委，更改約定的日程。處理好後，也要一併向主管回報行程已更改完畢。

等到你之後進公司，別忘了向主管及代理職務的同事當面致謝哦。

請假信的基本原則

主旨：請假報告（〇〇）

早安，我是〇〇。

不好意思，
我今天因為身體不適請假。
很抱歉給您添麻煩了。

關於我負責的業務，
預計將◎◎的案件交由
同事△△代為處理。

我現在準備去醫院看診，
之後再向您報告診斷結果。

如果有任何急事，
我會用手機和郵件
盡量配合處理。

POINT 1
首先表達歉意

POINT 2
報告負責的業務狀況

POINT 3
提及身體不適的處理措施

POINT 4
註明突發狀況時的應對方案

更加分的貼心MEMO

建立良好的職場關係，有困難時互相幫助

只要平時在職場上多多互動交流，一旦要臨時請假，身邊的同事也會願意幫忙代理職務。就讓我們努力打造出彼此互相照應，優質良好的工作環境吧。

〈遠端連線〉

出席線上會議時，動作要大，講話要慢

KEYWORD ＞ 線上會議

特地做出誇張反應，讓說話者知道自己有在認真聽

現在遠端工作趨於普及，有越來越多人會在線上開會或商談。遠端連線與當面談話不同，可能會讓人覺得難以交談，無法順利表達情緒和反應。為了克服這些狀況，表情和動作必須做得誇大，講話也要有更多抑揚頓挫。

遠端連線時，由於每個人的音訊設備不同，聲音有時候會斷斷續續，或是模糊到聽不清楚。為了讓麥克風更容易接收聲音，嘴巴要張得比平常更大，慢慢說話哦。你可以試著稍微降低音調，這樣不僅會比較清楚，聲音聽起來也更值得信賴。

在交談的時候，視線必須看向鏡頭，這樣對方才會覺得你在看著自己。攝影機的位置也十分重要。要是位置太低，對方會覺得你的態度高高在上，甚至會感覺到壓迫感，所以攝影機最好擺得比視線稍微高一點。假如你是用電腦內建的攝影機，可以把電腦架

高，想辦法調整高度。

如果聽者的反應太少，容易讓說話者感到不安。因此像點頭之類的動作，都要記得做得又大又緩慢。這些顧慮都能幫助說話者，是出席線上會議需要的貼心舉止。

更加分的貼心MEMO

不要讓開會的聲音流瀉出去，
也別讓會議成員聽到身邊的雜音

參加需要露臉的線上會議時，即便只是公司內部的會議，也要打扮地像是進辦公室上班一樣。若是在外面參加會議，建議使用耳罩式耳機以防洩漏對話聲音，同時也能保護業務機密。自己沒有發言的時候，最好記得把麥克風調成靜音。

貼心名言

我們做不了偉大的事，
只能以偉大的愛來做小事。

德蕾莎修女

印度的慈善工作者

第 4 章

讓人想「再見你一面！」

拜訪與款待的貼心舉止

本章要介紹前往主管、長輩、或親戚家裡作客，
還有招待訪客時的貼心舉止。

作客時的基本穿著——連身洋裝配包頭鞋

KEYWORD 適時適所的打扮

一套絕不出包的「萬用洋裝」，能讓你更有自信

服裝儀容的基本原則，就是「整潔、優雅、適時適所、適合自己的顏色、適合自己的風格」。整潔形象的基本要件，就是沒有髒汙和皺褶的服裝。還要穿上絲襪，避免在室內光著腳丫，以防腳底汙垢會弄髒別人家。除此之外，頭髮也要盡量紮起來，以防毛髮掉落下來。

要營造優雅形象，就得注重服裝材質和設計。符合季節的上等布料能顯示一個人的品味。此外，日間時段別穿著露出太多肌膚的服裝才合乎禮儀。畢竟很少有人會覺得穿迷你裙的訪客有氣質。

關於裙長，坐下後能蓋過膝蓋的長度會比較有品味。就算只有一套也好，建議大家最好常備「任何場合都不會失禮」的萬用洋裝。穿上令人安心的服裝，也能讓你更有自信。

鞋子以包頭鞋為基本首選。只要有3～5公分的鞋跟高度，看起來就會穩重又優美；若是5～7公分高的鞋跟，則是能讓腳顯得更美麗。不忘了檢查一下鞋子在脫掉之後，鞋內有沒有整潔乾淨。

更加分的貼心MEMO

與工作有關的場合，「穿西裝」最保險

因為工作關係要去拜訪主管或客戶時，西裝就是最方便的選擇。西裝不會受流行影響，看起來簡約俐落，輕鬆就能營造「正式感」。西裝外套也可以搭配洋裝、裙子或褲裝，讓人享受穿搭的樂趣。

拜訪前30分鐘，詢問一下「今天依約前往沒問題吧？」

KEYWORD 拜訪時間

重視時間觀念，讓你獲得強大信賴

體貼的人知道要換位思考，會設身處地為他人設想。前往別人家裡作客時，要確認一下屋主的準備狀況。對方有可能不小心忘了約定，或者因為其他要事趕不上約好的時間也說不定。

在登門拜訪前，建議你事先探聽一下對方的狀況。大概在約定好的30分鐘前，可以用電話或簡訊詢問：「今天依約前往沒有問題吧？」其實也不是非得在當天30分鐘前詢問，只要事前做過仔細確認，就能避免雙方溝通不良或是會錯意。

此外，訪客特意晚到以便屋主從容準備的做法屬於歐美習慣，與日本無關。儘管在日本也有遲到5分鐘才有禮貌的說法，但最好還是依約準時按下門鈴。畢竟也有人秉持著「時間就是金錢」、「時間就是生命」的觀念。屋主都是特別配合時間整理房子，精心準備料理。相對地，假如你提早抵達則會讓對方慌了手腳，帶來心理上的壓力，所以別這麼做比較保險哦。

作客時的時間觀念

30 分鐘前
做個聯絡

依約
準時抵達

遲到 5 分鐘
是歐美習慣

要去別人家裡作客時，在抵達的 30 分鐘前可以用電話或簡訊詢問：「今天依約前往沒有問題吧？」關心一下對方的狀況，確認今天是否可以依約拜訪，並依約準時按下門鈴。雖然也有人說遲到 5 分鐘才有禮貌，但這個舉動很有可能會讓精心準備的屋主覺得很失禮。

更加分的貼心ＭＥＭＯ

事前做好商量，
避免伴手禮與菜色重複

受邀去別人家裡參加餐會時，我們有時候會準備料理作為伴手禮。此時最需要注意的一點，就是伴手禮和其他餐點的契合度，還有會不會與菜色重複。突然冒出一道意料之外的料理，也有可能會給主人添麻煩，所以事前商量一下比較好。

按門鈴前脫下大衣和帽子，拍掉身上的灰塵

KEYWORD 在室外先脫好大衣

拜訪別人家或公司時的基本禮貌

拜訪別人家時，在按門鈴前脫下大衣，圍巾和手套收進包包是日本的基本禮儀。

脫下大衣後，稍微拍掉上面的塵屑，再翻過來折好掛在手腕上。如此一來，就不會把外面灰塵帶進對方家裡。

其實這是屬於日本文化的特殊禮節。在和室文化的日本，大家都不喜歡榻榻米被弄髒。因此，為了避免弄髒榻榻米，便養成在進屋前拍掉塵屑的習慣。然而在歐美則是相反，在主人同意自己進屋以前不脫大衣和手套才有禮貌，而且原則上都是進屋後再脫外衣。

如果戴著帽子，女性可以不用特別拿下，但男性就禮貌上來說必須在按門鈴前摘掉帽子。因為女性的帽子通常被視為穿搭的配件之一。

俗話說入境隨俗，到了國外就要遵守當

折疊大衣的方式

①

拿起大衣正面，雙手伸進大衣的兩肩。

②

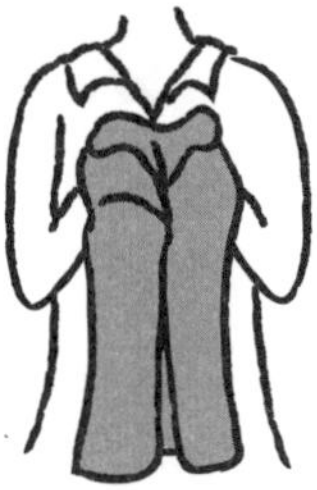

對齊大衣兩肩的位置互相疊在一起。

③

縱向對折，保持內裏朝外的狀態掛在手上。

地禮節。在日本只要了解自古以來的禮儀做法，就能塑造出優雅得體的形象。

更加分的貼心MEMO

在飯店脫下大衣的方式

如果並非住家或公司，而是要在飯店脫下大衣時，倒也不必特別站在大門口脫。假如是要去飯店參加派對，就選在報到處或寄物處前脫大衣；若是要辦理入住手續，在飯店櫃檯前再脫比較得體。

脫鞋時記得詢問：「我可以把鞋放在這裡嗎？」

KEYWORD 進門時的流程

了解脫鞋禮節，讓形象更加分

進屋時，也有許多需要注意的禮儀細節。首先是在玄關的時候，由於容易被人看到腳邊，最好盡量選擇穿整潔漂亮的新鞋子。要是鞋跟太高，會讓人站不穩；有扣環的鞋款必須蹲下穿脫，動作變得慢吞吞；靴子也是一樣需要花時間脫下，看起來也比較休閒，盡量少穿為妙。

其中最保險的選項，就是可以簡單脫下，又能完整包覆腳尖的包頭鞋了。在脫鞋時，鞋子內側有可能會被人看見，所以也別忘了檢查一下裡面有沒有髒汙。

另外在準備脫鞋時，要注意別把臀部朝向對方，保持單膝碰地的姿勢問一聲「我可以把鞋放在這裡嗎？」，接著再整齊排好鞋子。記得鞋跟方向必須沿著牆壁對齊擺放。一般鞋子都是擺在被視為下座的鞋櫃那一側，但如果正好放著鮮花當擺飾，那個位置就會

拜訪時的擺鞋方式

挑選品味好的鞋

去拜訪作客時，別穿太休閒的運動鞋或很難脫下的長靴，還有鞋跟太高的跟鞋。最好挑選好脫又優雅的包頭鞋，或者是鞋跟較低的鞋子。

檢查表面和內裏的髒汙

無論是多麼高貴的鞋，只要多了顯眼汙漬，就容易讓人有髒兮兮的印象。若鞋子裡的髒汙太明顯，記得直接換掉內墊，花點心思處理細節。

擺鞋時不要將臀部朝向主人，並將鞋子擺在下座

就禮貌上來說，身體要朝向玄關下座的鞋櫃方向。如果鞋櫃放著擺飾或鮮花，這個位置就會變成上座，擺鞋前要記得先確認一下。

變成上座，鞋子必須改放在反方向的地方。

日文有一句叫做「腳下照顧」的禪家語，意思是要認清自我，懂得反省。大家常說從擺放鞋子的習慣，就能看出處事態度的由來，據說就是來自於這句話。

更加分的貼心MEMO

簡單的包頭鞋最安全保險

要是對自己選鞋的品味沒有信心，感到迷惘的時候，就推薦你簡單的包頭鞋。如果是正式場合，沒有鞋跟的平底鞋會顯得太休閒，所以就算鞋跟只有2～3cm高，最好也還是穿有高跟的鞋子。

進屋和入座時，知會一聲才有禮貌

KEYWORD 進屋和入座

在進屋時，也有幾個需要注意的禮儀。像是盡量優先禮讓年長者和小孩子進屋，自己最後再進去。

準備進屋時，如果屋主招呼著說「請進吧」，你就點個頭回答「打擾了」，問候一聲再進去；入座之前，要說一句「不好意思」再坐下來。在許多場合都用得到這些進屋的禮節，只要事先記住就不用擔心了。

此外，在與尊長聚餐等場合，等尊長坐下後再入座也是一種禮貌。不僅如此，讓尊長坐在最裡面的位置，自己則坐在入口附近的舉動，也是對於尊長的基本敬意。

像這些有關進屋和席次的禮儀，都會在各種商務場合遇到，最好能做得越自然越好。

假如你自己就是主管，交易對象或下屬可能凡事都會以你為優先。若是你能擺出不需要他人費心的隨和態度，底下的人也會對你有好印象。懂得禮讓在上位者，又能親切對待下屬，就是最完美的表現。

更加分的貼心MEMO

被帶領到客廳後，
再鄭重地重新問候

被主人帶進客廳入座後，就從容地表達問候：「感謝您今天的邀請。」若是第一次見面，別忘了報上自己的全名。行禮時也要不慌不忙，表現出真誠客氣的態度。

自己的物品要放在靠近門邊的下座位置

KEYWORD 私人物品的擺放位置

鋪張墊子以防弄髒地板的舉動能為你更加分

私人物品的擺放位置也要遵守禮儀，像是自己的東西通常是放在下座位置居多。換句話說，只要記得把東西放在靠近門邊的地方就對了。有時候空間有限，如果上座有地方可以擺放，放在那裡當然也無所謂，但基本上還是以下座位置為原則。

接著下來，東西擺在地毯或地墊上時必須更加謹慎。例如要注意別讓上面的汙垢弄髒地板，或是避免讓重物在別人家裡留下痕跡。和室也是一樣，要是能在物品底下鋪張布巾或白布以防傷到榻榻米，更能顯現出你是個用心體貼的人，留下良好印象。

若是托特包那種無法好好立起來的物品，或是尺寸小巧的東西，就放在椅子的椅背前面。這是為了避免自己的東西進入對方的視線裡。

除此之外，假如不小心被人看到包包裡

面，就容易給人散漫的印象，所以去作客的時候，盡量選擇翻蓋式或是能用拉鍊闔上的包包。萬一還是會被人看到，就把圍巾或絲巾放在包包上面擋起來吧。選用包包時，希望大家也能注意一下造型款式。

放置私人物品的禮節

放置地點	私人物品要放在離門口較近的下座。
包包	·盡量選擇好看又能立起來的包包。最好是附有拉鍊，不會讓人看到裡面的款式設計。 ·像托特包那種無法立起來的包包，最好放在自己後背與椅背之間以防映入對方眼簾，避免留下散漫的印象。
大衣	·如果主人說「我來幫你保管大衣」，你可以不用客氣，把衣服交給他即可。 ·請對方保管大衣時，別忘了說一句「麻煩你了」。
私人物品的放法	可以隨身攜帶一條布巾，將包包或大衣放在自己身邊時可以鋪在地上，以免弄傷或弄髒地板，同時也能留下好印象。

更加分的貼心MEMO

想讓對方看見或是準備送出的東西就放在上座

若是要送給對方的伴手禮，或是想給對方看的東西就放在上座。不要把所有行李集中在一起，要分別將準備送出或給對方看的東西放在上座，自己的私人物品放在下座。這是在商務場合上也通用的禮儀。

送伴手禮時順便加張訊息小卡

KEYWORD 送伴手禮時順便加張訊息小卡

要送伴手禮，也要把心意送出去

基本上伴手禮不是在玄關拿出來，而是進屋之後再交給主人。不要隔著一張桌子遞出去，要走近身邊交給對方才可以。依現場狀況，有時候隔著桌子遞出也沒關係，但是別忘了說一聲「恕我這樣交給你」。另外，若你送的是冰淇淋或蛋糕等冷藏食品，或者是盆栽這種容易弄髒房間的東西，也可以直接在玄關拿出來。

還有在遞伴手禮時，要是能再加上一張手寫的訊息小卡，不僅可以傳達你的心意，對方一定也會更加歡喜。例如「感謝平時的關照，希望你愉快享用」、「今天請多多指教」等等，只要一句簡單的話即可。只要添上話語，人與人之間的信賴就會更緊密。而且卡片還能實際保存下來，會比單純的話語更加記憶深刻。

根據用途範圍，通常伴手禮都有個最保

送伴手禮時，以對方開心為第一優先

根據用途和目的，挑選實用的伴手禮

▼

要是還能讓對方感到高興，印象又會更好了

▼

加上訊息小卡，全力傳達自己的心情

根據伴手禮的種類，挑選最適合拿出來交給對方的地點。若是會弄髒房間的東西，最好在玄關就遞給對方。

險的安全選擇。但如果想表達真誠的心意，能讓對方開心的禮物才是首選。你可以設身處地來思考，為對方挑選「平常應該能派上用場」的物品吧。

更加分的貼心MEMO

送錯就慘了？
注意不吉利的忌諱禮物

羊羹和蜂蜜蛋糕都有「希望緣分長長久久」的含意，但這些都是需要分切的食物，也有人會忍不住聯想成是「切斷緣分」。世界上的人形形色色，我們也要為這樣的人貼心設想。

收下伴手禮或禮物時，要當場拆封表達謝意

KEYWORD 〉收下禮物的回覆

無論收到什麼禮物，當場表達謝意最令人開心

大部分的伴手禮都有精美包裝，所以很容易讓人直接收下就結束了。不過，其實有些東西也可以當場拆開，直接向對方表達你的感想。假如收到的是茶點，甚至可以說「用您的禮物來招待，真是不好意思」，當下立刻拿出來待客也沒問題。

收禮時要用雙手接下，並表達謝意說

「謝謝你的費心」，然後詢問對方「可以現在打開看看嗎？」，再小心翼翼地拆開包裝。像這樣說著「看起來好好吃！」、「這個〇〇真棒！」來表現喜悅，對方聽了也會覺得送禮送得很高興。

假如是像罐頭這種無法當下打開吃的東西，可以在下次見面時再告知感想，對方一定會很開心自己的禮物讓你如此印象深刻。

一般拿來裝伴手禮的紙袋通常會由送禮的人帶回去，但是身為收禮的人，也可以貼

心地表示「紙袋交給我處理就行了」。收到禮物後，如果還能找機會回送伴手禮，彼此的關係就會變得更加緊密。

更加分的貼心MEMO

要是太常送禮，有時反而會成為對方的負擔

在反覆的禮尚往來中，準備回禮的過程對某些人而言會是個負擔，一定要多加留意。送禮時注意對方的反應和發言，別送太多沒必要的伴手禮也是一種體貼哦。

茶點要方便吃，飲料要方便喝

KEYWORD 準備茶點的方式

優雅準備茶點和飲料的基本做法

準備茶點來待客的時候，記得要處理得讓客人方便食用。像蛋糕可以事先拆掉塑膠圍邊和包裝，放到盤子上再端出來。不過，有些人也會在意新冠肺炎等傳染病，所以有時候直接原封不動地端到桌上也是有禮貌的做法。

要和飲料一起上桌時，若準備的是熱飲，記得事先用熱水加溫杯子；假如是冷飲，可以先把杯子放進冰箱裡稍微冰一下。這些用眼睛看不見的巧思，一定能讓對方感受到你的心意。這不是來自形體上的記憶，而是你設想周到的舉止帶來了好印象。

準備好的茶點和飲料先放在托盤，並暫時擺在邊桌上。然後雙手端起茶點的盤子，說聲「不好意思」之後再放到客人眼前。緊接著拿出飲料，放置在茶點的右上角位置。此時說一聲「請用」就會顯得優雅得體。除

端出食物和飲料的注意事項

- 以食物→飲料的順序端上桌。
- 雙手拿著盤子，也別忘了說聲「不好意思」。
- 西式甜點記得事先拆下塑膠圍邊，方便讓人立即食用。
- 準備冷飲時可以提早冰鎮杯子，若是熱飲時則要事先加溫杯子。

此之外，要是還能再附上擦手的濕毛巾或紙巾，就會感覺更加貼心了。

就讓我們細心做好每個步驟，懷抱敬意和感激之情來待客吧。

更加分的貼心MEMO

端出食物和飲料時
要注意手臂動作

繼茶點之後端出飲料時，要注意「別讓手從茶點上方越過去」。除了上方之外，用左手拿右邊的東西，用右手拿左邊的東西時也會越過其他餐點，看起來都很失禮。

享用茶點時要說好吃，發表個人的感想

KEYWORD＞感謝的話

受到招待，就要客氣地表達感激之情

品嘗對方精心準備的茶點時，接受款待的自己也要有所回應。直接說「我開動了」當然沒有問題，但如果能自然表示「勞煩您費心了。我要享用了」，看起來就會更加客氣有禮。除此之外，吃下一口之再說聲「非常美味」則是更高水準的貼心舉止。另外也可以再追加發表對於餐具、食物外觀或香氣的心得感想。

關於品嘗茶點的方式也是一樣，只要學會如何優雅地享用，在重要場合就不會慌了手腳。喝茶時，以慣用手拿起日式茶杯的下方位置，再用另一隻手扶著杯底喝下一口；吃和菓子時，要拿起旁邊名叫黑文字的木叉，從左邊開始一點一點地切下來吃。品嘗和菓子的時候可以直接把盤子端近嘴邊，但是把手擋在底下接住碎屑的做法反而是個失禮舉動，必須小心留意哦。假如能事先了解

品嘗料理和飲料時，別忘了說說感想

述說謝意和感想 → **對方待客時也會有好心情**

範例：
「聞起來好香哦。」
「我第一次吃到這個。」
「好美的餐具哦。」

一般最理想的情況，是在主人說「請用」的時候開始品嘗。但假如對方沒有這樣說，你也可以主動開口詢問「我可以品嘗嗎？」，事先徵詢一下同意。

品嘗和菓子的正確方式，你也可以向身邊的人分享吃法。這樣不僅能令對方喜悅，還可以藉此拓展話題，讓人對你另眼相看。

更加分的貼心MEMO

手指不要穿過茶杯杯耳，用指頭握住即可

如同和菓子有一套規矩，西式下午茶也有特殊禮節。茶杯上的杯耳雖然能讓手指穿過去，但是正確做法應該是用指頭握住，手指不要穿過杯耳。只要用大拇指、食指、中指 3 根手指握住杯耳即可。

邀請他人來作客時，一定要好好打掃、整理玄關

KEYWORD〉打掃玄關

裡外都掃得乾淨整齊，讓客人保持好心情

邀人來家裡作客時，你不能只顧著整理客廳，包括玄關周圍、庭院、戶外在內，所有眼睛看得到的地方都要打掃一下哦。尤其玄關是客人最先映入眼簾的地方，屬於一個家的門面。因此首要之務，就是先把玄關整理乾淨，打造良好的第一印象吧。只要在玄關擺上花或畫，就能讓你和訪客打開話匣子，度過一段愉悅的快樂時光。

此外，一般最常忘記的就是要動手擦拭家裡。像平時很少注意的桌子和窗戶，只要好好擦拭乾淨，清潔感立刻倍增。還有廁所也要認真打掃哦。要是看到別人家裡的廁所很髒，就會留下不衛生的印象。像特別容易髒的馬桶蓋和馬桶周圍，都一定要仔細擦乾淨哦。如果還能記得準備客人專用的擦手毛巾就更棒了。

除了整潔美觀之外，多注意家裡的氣

邀人來家裡作客時的打掃方式

屋外

室外空間、房屋外觀 → 種花拔草，整頓環境外觀，讓客人在進屋前就留下好印象。

屋內

玄關 → 準備萬用的線香或香氛，提供愉悅的療癒感受。

廁所、洗臉台 → 準備客人專用的擦手毛巾。

廁所、洗臉台 → 準備客人專用的擦手毛巾。

味更能給人好印象。建議大家可以在玄關周邊、廁所擺放香味適中的芳香劑或芬香石，噴點香水也是個好選擇。透過嗅覺，能夠加強舒適的感受。

更加分的貼心MEMO

先從換氣做起，
仔細維護家中的氣味

邀人來家裡作客時，要記得好好維護家裡的氣味哦。第一步就是開窗開門，讓家裡好好通風換氣。平常在家生活時，都不太容易發現家裡的味道。尤其要在鞋櫃裡放置除臭劑，消除討人厭的氣味哦。

用花布置，打造舒適空間

KEYWORD 用花布置房間

用花布置各個角落，盛情歡迎客人

迎接客人光臨時，若想讓對方感到賓至如歸，推薦你可以用花布置各個角落。不用準備盛大又氣派的花，只要在玄關、廁所、客廳等地方插上一朵就夠了。只要這麼做，就能讓訪客覺得自己受到熱烈歡迎。

其實不僅是花，在庭園增添綠意也很可以。植物能讓人感受到自然能量，提供舒適心情。

運用不同季節和主題的花來布置，就會顯得更有氛圍。例如春天擺上櫻花枝枒、夏天挑選向日葵、秋天選擇紅葉、冬天則是聖誕節常見的聖誕紅等等。這些布置能營造四季風情，為室內帶來優雅又歡樂的風情。

其中需要注意的一點，就是如果打算在桌上擺花，必須挑選花香不會影響茶點或料理氣味的種類哦。尤其像百合這種香氣強烈的花，最好還是避開為妙。想用這種花來布

置時，必須放得離桌子遠一點，讓香氣稍微飄散在四周即可。布置的位置高度也要經過一番設想，最好擺在比視線稍微低一點的地方。有時候大型尺寸的花會破壞現場氣氛，記得要確認過平衡感再做判斷哦。

更加分的貼心MEMO

桌巾要配合花藝的顏色

挑選桌巾的顏色和設計時，原則上要能襯托桌上的料理或花。當你感到猶豫時，只要配合桌上的花藝擺飾，就能打造均衡的空間。

待客料理要準備前菜、主餐、甜點

KEYWORD 〉待客料理

待客時的主角不是料理，而是共享舒適的時光

如果想好好款待客人，記得至少準備3道料理。這3道分別就是前菜、主菜、甜點。當料理種類越多，客人越會感謝你的精心準備。還有餘力的話，準備5道料理更能讓人心滿意足。

除了作為主菜的熱食，還可以在切成一口大小的麵包上擺鮭魚、鮭魚卵、魚子醬等食材。只要用小巧容器拿來盛裝美式涼拌高麗菜，或是蛋、沙拉等等，放些簡單的創意小菜端上桌，看起來就會像是準備了好多道料理。料理種類越多，繽紛菜色和豪華排場就會越炫目，營造出讓人談天說地的氛圍。這些餐點做起來不僅簡單，直接端上桌也可以，不需要讓你來回跑廚房好幾趟。

凡事最重要的就是做好萬全準備。只要像這樣多花一點心思，就能讓餐桌變得華麗豐盛。下足工夫做準備，當天與訪客一起愉

輕鬆簡單的主菜料理

燉牛肉

充滿高級感的待客料理。只要搭配葡萄酒，就宛如置身在高級餐廳。

西班牙燉飯

能在短時間內完成的華麗米飯料理。也可以直接在桌上擺烤盤來享用。

焗烤料理

塞滿食材之後，再放進烤箱就大功告成，是豪華美觀的招牌簡單菜色。

鹹派

一道有豐富蔬菜，滋味濃密的人氣料理。用冷凍派皮就能輕鬆做好準備。

快享受這些精心安排吧。

更加分的貼心MEMO

除了熱食，
其他料理都事先擺上桌

身為負責招待客人的主人，為了避免來回跑好幾次廚房，最好事先將不需加熱的料理擺在桌上。甜點是吃的前一刻再端上桌。飲料則是可以先詢問客人的喜好，再選擇準備熱飲或冷飲吧。

準備送客前，問客人一聲「需不需要去一趟洗手間？」

KEYWORD 送客的流程

為免失禮，要等客人主動說要離開

要向客人客氣地提及離開時間實在很困難，所以在邀請當時，就可以事先告知聚會時間是幾點到幾點，這樣對方也比較方便安排後的行程。身為主人，就可以合理地開口詢問：「快要〇點了，你的時間沒問題嗎？」

假如事前沒有提及結束時間，主人就會很難開口催促對方離開。因此，這時候最好由客人主動說「我該告辭了」，向主人告知準備離開的意圖後，過程就會流暢許多。

主人可以說「招待不週，真是抱歉」，並開口詢問「需不需要去一趟洗手間？」，就能讓人感受到你的貼心。等客人做好回去的準備後，就帶領對方前往玄關大門。此外，假如主人沒有告知聚會的結束時間，受邀的客人可以事前知會一聲「當天我會在〇點的時候離開」，這樣主人也比較容易開口說「時間差不多了」。

送客時，主人要走在前面，把客人的鞋子擺成方便穿上的方向，也可以視情況準備一下伴手禮。

貼心打造方便客人離開的環境

當主人知道客人後面還有其他安排

・主動表示「你的時間沒問題嗎？」、「時間差不多了」，這樣客人會比較好開口說「我該告辭了」。

送客時的貼心舉止

・主動詢問「要不要去一下洗手間？」，以防客人其實在默默忍耐，給對方開口借洗手間的機會。
・事先排好鞋子，方便客人穿上鞋。
・若有幫忙保管客人的大衣等行李，別忘了在這時候交給對方。
・配合客人的腳步，帶領對方走到玄關大門。

更加分的貼心MEMO

要離開和室時，
千萬別把腳踩在坐墊上

在和室用餐完準備回去時，屁股必須先離開坐墊。記得此時絕不能站在坐墊上，一定要保持坐姿來移動。接下來是跪坐在榻榻米上致意一下，移動到拉門前的時候也要行完座禮再離開。

結束拜訪後，記得在當天表達謝意

KEYWORD 致謝的時機

趕緊先用社群媒體或簡訊簡單道謝

結束拜訪回到家裡後，記得一定要透過簡訊或社群媒體簡單道謝。雖然用打電話的也可以，只是主人可能忙著收拾，現在已經很累也說不定。此時就先傳個訊息致意一下即可。不過老實說，要是彼此交情夠好，就算直接用電話聯絡也無妨。

道謝時若能再加上一句具體感想，對方肯定會很高興。像是「看到你特別準備花朵，真是讓我好感動」、「方便的話，歡迎下次換你來我家玩」等等，只要添上期許未來的話語，一定能打造更良好的關係。

與特別的對象聚餐完，可以客氣地寫張訊息小卡或書信。文章不用太長，只要簡潔寫出具體感想和謝意即可。比起簡訊，可以實際保存的東西更容易留在記憶裡。細心地親手寫張特別的卡片，能讓對方更容易明白你的心意，是個美好的貼心舉止。所謂聚

餐，通常是結束後的互動更重要。彼此共享一段快樂又有意義的時光後，無論商務關係或私人交情都能更圓融緊密。

更加分的貼心MEMO

最好在隔天～3 天內寄送感謝卡

一般來說，最好在拜訪完的隔天寄送感謝卡，最晚至少也要在 3 天內送出。然而話雖如此，我們有時候就是會不小心拖晚了吧。在這種時候，只要送上附有感謝卡的點心禮盒就可以了。比起沒有任何表示，只要有送就能表達心意。

貼心名言

貼心待人的真心禮儀，
是任何人都能互贈的美好禮物。

西出 博子

美容研究員

第5章

讓你看起來充滿魅力

用餐時的貼心舉止

認識身在餐廳的適宜舉動與用餐方式，
了解餐具的正確用法，
學習如何吃得更美味的基礎餐桌禮儀。

懂得向店員說「謝謝」

KEYWORD 感謝的話

說出感激之情，創造愉快時光

餐桌禮儀最重要的一點，就是與在場的人度過愉快時光。為了達到這個目標，最不可或缺的就是感謝店家的心。就讓我們以實際言行，向製作料理及提供服務的人表達感激之情吧。

比方來說，在世界頂尖人士聚集的社交場合，到處都會聽見有人在道謝說「Thank you」。像是有人端上飲料和料理，或是桌上空盤被收走的時候。只要店員一為我們做了什麼事，就少不了感謝的話。

此外，也要懂得與別桌不認識的客人互動交流，讓現場所有人能開心度過每一刻。修養好的人不僅會隨時感謝店員，同時也不忘關心身邊的狀況。

優雅使用餐具和品嘗料理固然重要，但是餐桌禮儀原本就是為了與其他人共享時間與空間而存在。首先第一步，就是先說「謝

謝」表示感激，營造出任何人都能感到愉悅的氣氛吧。

更加分的貼心MEMO

加上具體感想，
點頭致意一下吧

雖然只要說「謝謝」就能表達感激之情，要是還能加上具體感想就更好了。當料理被端上桌時，就可以說「哇，看起來好好吃」、「配色好鮮豔哦」，同時也別忘了點個頭致意一下。

訂餐廳時，記得確認當天的人潮狀況

KEYWORD 訂位的技巧

訂位時要做好溝通

男女要一起約去餐廳吃飯時，禮貌上來說通常是由男方負責訂位。若是與好友或公司同事聚餐，又或者是要為男方慶祝時，換成由女方訂位也是可以。

訂位前必須考量同行成員的時間，還有每個人的用餐喜好來決定餐廳。其實除了特別的日子之外，就算是當天要臨時前往某間餐廳，也最好事前預約一下。這樣不但能確保座位，店員也能迅速幫忙帶位，不會讓同行者久候。同時對店家來說，也可以事先依照人數準備好杯子，完成迎接客人的準備，對雙方都是有利無弊。

電話訂位是最令人放心的訂位方式。不僅可以詢問當天的人潮，還能告知店員「我想慶祝男友的生日，希望能安排在安靜的座位」，主動提出用餐目的和特別需求。

所謂訂位，並不只是確保座位而已。為了在當天擁有安心安全的用餐環境，就要與店家事先做好溝通。

貼心的訂位方式

告知用餐目的

事先向店家告知用餐目的，讓飯局更加順遂。

詢問訂位人潮

只要詢問當天的訂位人潮，就可以自行挑選人少的時段，或是確保安靜的座位，讓你方便營造氣氛。

即使是臨時起意，也要打個電話

即使臨時想去某間餐廳用餐，最好也打個電話告知時間和人數，避免店家手忙腳亂。

更加分的貼心MEMO

若要準備驚喜，更要縝密計畫

像是慶生或是祝賀喜事，想給對方一個驚喜的時候，更要與店家做好事前溝通。只要事先了解目的和時機，店家也比較方便提供服務，打造安心安全的用餐環境。

進餐廳時，先讓同行者入店

KEYWORD ＞ 入店禮儀

女士優先是基本原則，坦率接受對方的盛情

日本自古以來，就有「溫柔謙卑＝女人味」的風潮。也因為如此，有許多日本女性都視謙虛為美德。但在這個國際化的現代，有時候客氣不一定是件好事。

比方來說，當一群人要進去某家店時，店員明明都幫忙開門了，所有人卻在門口互相禮讓入店順序，看起來反而有失禮節。不僅會造成後面客人的麻煩，在外國人眼中也是莫名其妙。

當店員打開門說了「請進」，就與對方相視而笑，說聲「謝謝」之後點頭致意，自然地走進店裡才合乎入店禮儀。若是同行者幫你開門，同樣也是向對方道謝之後率先入店吧。

雖然現在是個追求男女平等的時代，但如果男女都能養成女士優先的習慣，很多事情就會順遂許多。所以在入店時，女方就

儘管配合店員，或是跟從男友、丈夫的帶領吧。接受對方的盛情時，希望你也能同時表達感激之情。

更加分的貼心MEMO

就算男方沒有主動帶領，同樣也是女方先入店

要是男友或丈夫沒有女士優先的概念，不會主動帶領女性的話，身為女性的讀者還是要秉持女士優先的態度率先入店。這樣絕對不是厚臉皮，而是避免讓同行者在外人面前丟臉。

乾杯時，杯子要舉得比別人低

KEYWORD 乾杯時的舉動

優雅拿起酒杯，視情況改變乾杯方式

在乾杯時，其實也有意外細微的禮儀。用啤酒杯乾杯時，慣用手拿著杯子下方，另一隻手則扶在杯底的動作會比較客氣又有女人味。要是手指還能整齊併攏，看起來就更優美了。接著下來，眼睛看著對方說出「乾杯」，再把杯子舉到眼前的高度。

一般對於乾杯的印象，大多是拿著杯子互相撞出響亮聲音。但如果是在高級餐廳，通常不會讓杯子彼此碰撞。因為高級的酒杯單薄又纖細，要是有了碰撞，很容易就會撞出痕跡，甚至有可能撞到破裂。在氣氛休閒的餐廳只要是用比較厚的杯子喝酒，彼此稍微撞擊一下也沒問題。與尊長乾杯時，自己的杯子要舉得比對方還低。這個動作的用意，是在表示「我的位階比你低」的謙虛態度。

若可以視對象身分和現場狀況改變杯子

拿法和乾杯方式，你看起來就會特別機靈伶俐。就讓我們留意餐廳類型和杯子種類，小心地來乾杯吧。

更加分的貼心MEMO

豬口杯*用雙手拿，香檳杯用單手拿

拿起豬口杯的時候，要用慣用手的大拇指、食指、中指握著側面上方，無名指和小指輕輕靠著，然後另一隻手扶在杯底做支撐；拿香檳杯或白酒杯的時候，則是要握住杯腳，並小心別讓手的溫度溫熱了飲料。

＊喝日本酒用的小酒杯。

不要犯下禁忌，學會筷子的正確拿法

KEYWORD　拿筷子的禁忌

容易讓人不知不覺出錯的筷子拿法

在和食料理的禮儀中，首先要學會的就是筷子拿法。光是可以優美操控筷子，就能給人良好印象。但其實有很多人會在不知不覺中，不小心就觸犯「拿筷子的禁忌」。從小養成的習慣通常很難自己發覺哪裡有錯，但其實拿筷子有很多禁忌和規矩。

首先是「筷子橫架在碗上」。把筷子放在飯碗或餐具上，其實是在暗示「我已經不想吃了」。接著是「拿著筷子在猶豫」，不曉得該吃哪一道菜，讓筷子越過料理晃來晃去的舉動不僅失禮，也會讓同桌的人覺得反感。

還有就是不從上方依序夾菜，而是「用筷子翻攪料理」，翻取底下食物的行為也是禁忌；當筷子沒拿整齊時，立在其他餐具上「敲出聲音對齊筷子」同樣是個禁忌舉動。

像這些拿筷子的禁忌，就多達了大約42

種。拿對筷子固然重要，但希望大家也能認識哪些用法違反了筷子禮儀。

重新確認一下筷子的正確拿法

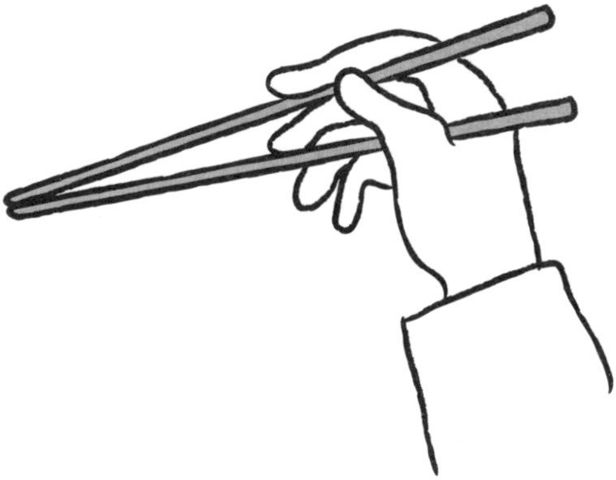

上面的筷子用食指、中指第一關節和大拇指夾住，下面的筷子則是放在虎口和無名指第一關節的位置。最重要的訣竅就是夾取料理時，只要移動上面的筷子即可。

更加分的貼心MEMO

吃出水準，
再度確認筷子的正確拿法

上面的筷子用大拇指、食指和中指第一關節輕輕夾住，下面的筷子用虎口和無名指第一關節來支撐。用餐時，僅移動上面的筷子夾取食物。只要拿對筷子，就能吃得優美。

酒標朝上，確認過酒種之後再倒酒

KEYWORD 倒酒的禮儀

根據不同酒種，改變酒瓶和酒壺的拿法

在高級餐廳用餐，倒酒是店員的任務，但如果是在接待客人或聚會的場合上，我們有時候也會為了增進感情而幫人倒酒。倒酒的基本原則就是讓酒標朝上，細心地用雙手拿好。另外在倒酒前，也別忘了詢問「這支酒沒問題吧？」，向對方確認一下酒的種類。

若是啤酒，慣用手要拿著酒瓶下方並避開酒標，另一隻手扶著底下支撐。一開始先倒得猛一點，接著放慢速度，在杯口留下三分之一左右的泡沫。

如果喝的是葡萄酒，就單手拿著瓶底來倒酒。要是單手拿不住，另一隻手也可以拿著紙巾扶在酒瓶下方。份量大約倒至酒杯一半的程度最恰當。

假如是日本酒，先從上方單手橫拿著酒壺下半部，另一隻手則扶著下方來倒酒。差不多倒至酒杯的八分到九分滿左右。快要準

正確的倒酒方式

葡萄酒

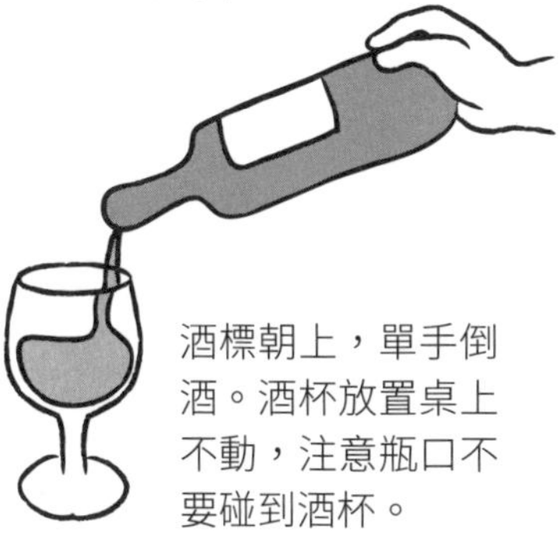

酒標朝上，單手倒酒。酒杯放置桌上不動，注意瓶口不要碰到酒杯。

啤酒

酒標朝上，雙手倒酒。酒杯要用雙手拿著，稍微傾斜角度製造泡沫的方式是日式風格。

備倒完時，把原本扶在酒壺下方的毛巾移至壺口下面以防酒滴下來。若是熱的日本酒，可以拿著酒壺的長柄處或用毛巾包著以防燙燒。

更加分的貼心MEMO

當別人幫自己倒酒時，
倒啤酒要拿起酒杯，
倒葡萄酒則不用拿

別人幫自己倒啤酒的時候，你要雙手拿起酒杯。稍微傾斜酒杯角度製造泡沫，是日本特有的品酒文化，在其他國際性的場合不這麼做也可以。倒的若是葡萄酒，則不用拿起酒杯，放在桌上即可。

白肉魚、豬肉配白酒，紅肉魚、牛肉配紅酒

KEYWORD 選葡萄酒的方式

配合料理挑選飲品，用餐起來更愉快

原則上來說，其實只要挑選自己喜歡的葡萄酒即可，但要是能了解適合搭配料理的酒種，用餐過程就會更加愉快。

首先關於餐前酒，建議選擇酒味較烈且清爽的氣泡酒。通常前菜拼盤和魚類料理適合白酒，肉類料理則適合紅酒。

等到習慣之後，可以嘗試看看更契合料理的選酒方式。白肉魚、雞肉、豬肉、羔羊肉等油脂較少的食材，就選擇搭配白酒；紅肉魚、牛肉、鹿肉、羊肉等油脂較多的食材，則適合搭配紅酒。假如餐廳的酒單種類十分豐富，不曉得該選哪種酒的時候，最安心的方式就是告知店員你想飲用的份量和喜好，請對方推薦適合的葡萄酒。

其實配合料理選擇飲品，就和品嘗下午茶一樣。例如在吃夾著小黃瓜的三明治時，適合配的紅茶是「祁門」。聽說這是英國伊

適合配白酒或紅酒的食物

白酒

油脂較少的白肉
魚、豬肉、雞肉、
羔羊肉等等。

紅酒

油脂較多的紅肉
魚、牛肉、鹿肉、
羊肉等等。

這些單純只是人人都說對味的搭配。
只要事先記好，不曉得該喝哪種酒時就派得上用場。

莉莎白女王也熱愛的組合。若是吃燻鮭魚，則是建議搭配英國上流階級也喜愛的「正山小種」。

更加分的貼心MEMO

**要品味葡萄酒，
就按照眼睛、鼻子、嘴巴
的順序來享受**

先稍微傾斜桌上的酒杯，襯著桌巾觀察顏色；接著伸手拿起桌上的酒杯，以逆時鐘方向搖動 3 ～ 5 次後，把酒杯移至鼻子下方確認香氣；最後含一口酒在嘴裡，細細品嘗滋味。

餐巾折一半，折線處朝腹部

KEYWORD 〉餐巾的使用方式

為了避免汙垢看起來顯眼，餐巾上層要折得比下層短3公分

你可以一入座時就鋪上餐巾，也可以在別人幫忙倒飲料時鋪好。不過，此時特別需要注意的一點，就是當主賓或同一桌中位階最高者拿掉餐巾時，其他人也要跟著陸續拿掉。

鋪餐巾時，就是把餐巾折一半放在大腿上，折線處要朝向自己的腹部。在這個時候，上層最好折得比下層短3公分左右。

這麼做的原因，是因為餐巾要用來擦嘴或擦手，但我們通常還是不希望上面的污漬太明顯吧。餐巾對折之後，只要使用上層的反面擦嘴，就可以把污漬好好藏起來。所以只要上層折短一點，就比較方便翻起來擦嘴。

中途需要暫時離席時，就把餐巾放在椅子上吧。如果已經用餐完畢，就稍微折一折放在桌子右側。在這個時候，不要把餐巾整

齊折好才是正式禮儀。要是折得很整齊，就變成是在暗示「我不滿意這一餐」。只要隨興折折餐巾，就能表示「感謝讓我品嘗到美味的一餐」。

餐巾的正確用法

入座時

餐巾對折後放在大腿上，折線處朝向自己的腹部。

暫時離席時

把餐巾放在椅子上，不需要折疊整齊，隨便揉成一團才是正式禮儀。

更加分的貼心MEMO

當男方或店員幫自己鋪餐巾，記得開口向對方道謝

在晚餐會等場合上，坐在左邊的男方幫女方鋪餐巾是正式禮儀。不過有的時候，則是餐廳店員會幫忙鋪餐巾對吧？當對方鋪好後，你就可以看著對方眼睛，笑著說聲「謝謝」。

幫忙分菜時，每人的盤子裝至7分滿即可

KEYWORD ＞幫忙分取大盤料理

幫忙分菜不是義務而是體貼，分得均等適量就會特別美觀

假如是多人共享的大盤料理，我們常常會不自覺地冒出「必須幫忙分菜」的義務感。但在西方的正式禮儀中，賓客不會主動幫大家分菜，通常都是自己夾自己的。

話雖如此，但在日本有客人自己幫忙分菜的習慣，所以在接待的場合上，大家會忍不住擔心若不主動分菜，會不會讓別人覺得自己很不貼心。雖然分菜不是義務，但如果你是在體貼對方，就可以主動這麼做。

最理想的分菜方式，就是把每個人的小盤子都裝得像是大盤料理的擺盤。分菜要分得漂亮，必須思考每種食材的配色比例，並將小盤子裝到差不多7分滿。

原則上來說，分給所有人的份量和食材要平均，但要是你想展現更高人一等的體貼，分菜之前可從上座開始依序詢問大家偏好的份量和食材。

讓人另眼相看的分菜技巧

分菜時從上座開始

先為上座的人依序分菜，就是貼心待人的第一步。

事先掌握對方的喜好

掌握每個人的喜好，分菜時多夾一點對方愛吃的，對方也會感到開心。

分取大盤料理時，每人的小盤子大約裝至 7 分滿

若想留下「擺盤真漂亮」的印象，分菜時大約裝至 7 分滿即可。

大盤料理不用一口氣全部分完，最好留下三分之一左右的量。這也是用來表示「如果有人喜歡這道菜，歡迎多夾一點」的貼心舉止。

更加分的貼心MEMO

如果無法用單手分菜，改成用雙手也可以

在分取大盤料理時，通常會同時使用湯匙和叉子。以湯匙在下，叉子在上的方式單手控制叉匙就會十分帥氣。但要是用起來不習慣，改用雙手分菜也無妨。只要選擇自己順手的方式就可以了。

刀刃絕對不能朝向他人

KEYWORD 餐具的使用方式

越能靈巧使用餐具，西餐就能吃得越漂亮

餐具只要用得好，用餐時的一舉一動就會看起來特別優美。

最基本的原則就是右手拿刀，左手拿叉。即使是左撇子，也還是希望盡量遵從這個拿法。但要是覺得用起來太難，左右換手也沒有問題。叉子背面朝上，刀子則是刀刃朝下，兩手食指從上面施力壓住刀叉。只要叉子固定得好，切起來就會很輕鬆。

假如是米飯、豌豆這種不方便用刀叉吃的東西，也可以用叉子凹面直接舀著吃。途中把叉子換到右手來吃是美式用法，在氣氛輕鬆的餐廳可以這麼做，但在高級餐廳最好還是不要這樣。

其中絕對做不得的用法，就是把刀刃或尖端朝向別人。有時候聊天聊得太興奮，有人會忍不住把刀子當成手指那樣揮舞，或是將刀刃對著別人。這些全是絕對不能做的舉

有記有用的餐具用法

用餐時

叉子背面朝上覆蓋在刀子上，呈現八字形的模樣。這樣的交叉擺放是英式用法。

用餐完畢

一般的英式用法，是將刀叉整齊排放至 6 點位置。這個做法比較方便店員收盤子。

動。把叉子換到右手的時候也是一樣，刀刃必須朝向自己，並把刀子放在盤子的後方位置。不管用餐再怎麼愉快，還是要注意別不小心把刀刃朝向別人哦。

更加分的貼心MEMO

享用魚肉料理時，
內行人會改變刀子用法

魚肉料理不用施力也能輕鬆切開，所以在使用魚肉刀時，食指不需要用力壓在刀子上。使用大拇指、食指、中指、無名指，像是捏住刀子那樣地拿在手上吧。學會區分用法，看起來就會是熟練的內行人。

品嘗料理時，通常要從左前方的一口口吃起

KEYWORD 用餐的禮儀

摸索廚師的用意，注意用餐的方式

用餐的時候，通常都是從左前方的料理開始切成一口大小。不管前菜還主菜，全都要按照這個原則。若是份量較多的料理，要盡量小心別破壞擺盤，先用餐具把最上面的部分移至盤子前方來享用。

假如是結合很多小盤子的拼盤料理，有時候會用湯匙來品嘗。在這個時候，要注意

別直接把盤子拿近嘴邊。一般在吃西餐時，基本上不會直接把盤子拿起來。在吃葉菜時會配合大小，大約折成兩半後用叉子放入嘴裡。如果叉子無法好好叉起，就再追加葉菜增加厚度，方便叉子叉起。

另外在餐桌禮儀中，還有個相當重要的部分。那就是懂得顧慮廚師的感受。一般的廚師，都希望你能在最佳時機享用最美味的食材。所以為了表示敬意，第一口先不要沾取醬料，直接品嘗料理的原始滋味吧。接著

用餐禮儀

〇 從左前方的菜色開始吃起

開始享用的時候，先從左前方的盤子開始取用一口份量入口。

〇 料理要從上方開始取用，不要破壞原本的擺盤

為了避免破壞美麗的擺盤，要從上方開始慢慢取用。

〇第一口不要沾取任何醬料，先享用原始滋味

為了表示對廚師的敬意，先品味食材本身的滋味，再搭配精心準備的醬料來享用。

〇吃西餐時，不要把盤子拿起來

像是吃比較大片的葉菜時，我們有時會忍不住把盤子拿近嘴邊，但是這個舉動在西餐中有失禮節。正確吃法應該是把大塊食材折成兩半或切得更小，不需拿起盤子就能入口。

下來，再搭配盤子裡的特製醬料，品味滋味的變化。

更加分的貼心MEMO

和食也是從左前方開始拿取一口大小，或用筷子切過之後再入口

品嘗和食料理時，同樣要從左前方開始吃起。像前菜和生魚片要一邊小心不破壞擺盤，一邊從左前方的菜色開始享用。一般來說都是直接一口放入嘴哩，但像豆腐這種用筷子也能切開的食物，可以另外切成小塊來入口。但是千萬別把筷子拿成像刀叉那樣來分切食物。

似懂非懂，湯品、義大利麵、沙拉的正確吃法

KEYWORD 湯品、義大利麵、沙拉的吃法

靈巧操控餐具，吃得更帥氣吧

湯品、義大利麵、沙拉都是我們平常吃得很習慣的料理，然而是不是有很多人其實都不曉得正確吃法呢？

首先喝湯時，湯匙原則上要從內向外舀取（英式）。圓形湯匙要橫拿著從側邊倒入口中，細長湯匙則從湯匙前端來喝湯。舀起湯之後，將湯匙底部稍微在湯的表面沾一下，就比較不容易滴滴答答的。當湯剩下一點時，稍微提起湯盤靠近自己的這一端，讓湯集中之後再舀來喝。這是為了不讓別人看到盤底，才會僅提起自己前方的部分。

吃義大利麵時，先用叉子從盤子中心取出3～5根麵條放至眼前的位置。接著垂直立起叉子，捲起麵條放入口中。假如盤子前方沒有空間，可以先把盤中的麵條稍微集中到後方，讓前方空出位置即可。若是吃短麵，就用叉子直接叉起來，或用叉子的凹面盛起來品嘗。

分門別類的吃法

○ **湯品**……舀起湯之後，安靜入口是最低限度的喝湯禮儀。將湯匙底部輕輕沾一下湯的表面，拿起時就不會滴滴答答的。

○ **麵包**……先等同桌的尊長吃了麵包後，自己再開始吃麵包。吃得漂亮雖然重要，但麵包原本就會掉碎屑，吃的時候不用在意太多，之後店員會幫忙整理乾淨。

○ **義大利麵**……從盤子中央取出 3 ～ 5 根麵條，移動到眼前的位置再捲起來吃。要注意在義大利當地，捲麵條時都不會用湯匙做輔助。

○ **沙拉**……同時使用刀叉是吃沙拉的基本禮儀。先用刀叉把葉菜折疊起來，再用叉子叉著吃。

在吃沙拉時，先用刀叉把葉菜折疊起來，再用叉子叉著吃。如果是玉米或小番茄這種不好叉的食材，也可以直接用叉子凹面盛著吃。

更加分的貼心MEMO

麵包要先用手撕成一口大小再吃

吃麵包時，要先撕成一口大小再入口。麵包原本就是會掉碎屑的食物，所以不用覺得自己吃得髒兮兮。要沾盤子裡的醬料時，則是把撕下的麵包放進盤裡再沾。麵包可以用叉子或用手吃都沒關係。

配合其他人的吃飯速度

KEYWORD 吃飯的節奏

配合其他人的吃飯速度也是用餐禮儀之一

關於主菜，基本上也是從左邊開始切成一口大小吃起。要是一開始就先全部分切好，會流失肉汁，影響食材的美味，或是讓原本溫熱的料理變涼，所以最好是吃的時候再切成小塊。

如果主菜是帶骨肉，先讓刀子深入骨頭與肉之間切斷連結。因為一旦冷掉就會變得難切，建議趁熱的時候切來吃。

此外，也別忘了注意吃完的時機。要是同桌的人比自己還要早很多吃完，你一定會慌張地想「我要趕快吃才行」對吧？。相對地，萬一你吃得特別快，可能會讓其他人不得不配合你的速度。

自顧自地吃快，通常被視為是不懂得顧及旁人的舉動。講話講太多，吃得太慢也是同樣的道理。尤其在吃全餐料理時，若不吃完眼前的料理就不會端來下一道菜，所以吃

飯速度也不能太慢。

享受美食和談話的同時，也要盡量配合其他人的速度，設法在相同時間吃完哦。

更加分的貼心MEMO

洗手碗是「可以用手吃」的暗號

當洗手碗與主餐一起被端上桌時，就表示主餐可以直接用手拿著吃。洗手碗是用餐時放在桌上，能讓你隨時洗手的東西。洗手時要分別將單手泡至第一關節的位置，再用餐巾擦拭乾淨。

在餐廳用餐時，盡量不要中途離席

KEYWORD　中途離席的時機

若要中途離席，最好選在主餐結束或喝咖啡的時段

在高級餐廳品嘗全餐料理，大概要花2小時左右才能吃完，吃到一半想去洗手間也是在所難免。但是原則上在餐廳用餐，中途不離席才符合禮儀。所以用餐前先去一趟洗手間並不會令人感到尷尬。由於過去沒有提供濕毛巾的習慣，在店員帶位之前先去上個廁所，把手洗乾淨就是當時的禮儀。

話雖如此，當你無論如何都想中途離席時，最好選在主餐結束之後。更好的時機則是已經吃完甜點，喝著咖啡談笑的時刻。你可以說句「失陪一下」或「我去一趟化妝室」，簡單知會一聲再離席。

要是你當下還沒用完餐點，記得把餐巾放在椅子上再走。在這個時候，餐巾不需要折得漂漂亮亮。在離席期間，店員幫你整齊折好才是正式做法。把餐巾放在桌上則是「離開」的暗示，所以要記得別做錯了。若

你真的必須在別的時間中途離席，最好還是完整吃完一道料理後再起身吧。

挑選用餐中途離席的時機

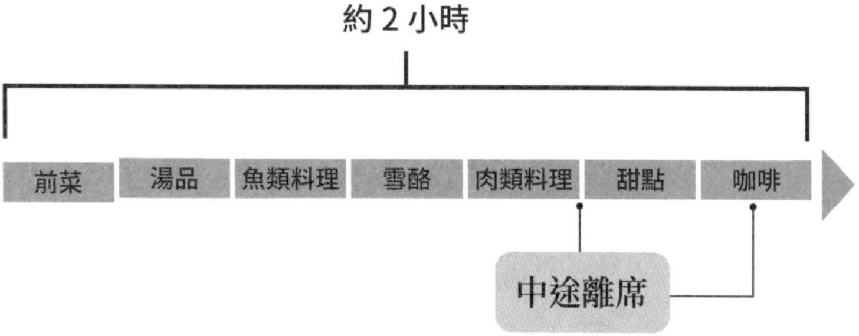

為了不要突然打斷對話，在主菜結束之後，等待甜點上桌前的空檔也是離席的好時機。記得一定要說聲「失陪一下」，告知同桌的人。為了避免遇到非忍耐不可的情況，最好要注意一下攝取水份的速度。

更加分的貼心MEMO

男方配合女方中途離席，是一種貼心的表現

女方要中途離席時，男方也一起同時離開是正式的禮儀。女方不需要客氣地說「你坐吧」，欣然接受對方的心意也是種禮貌。

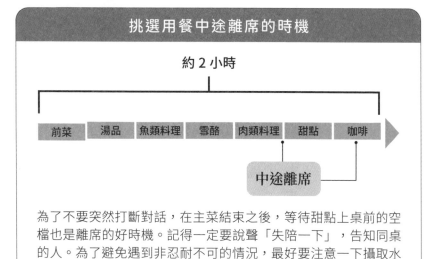

參加雞尾酒會時，一盤裝2～3樣料理即可

KEYWORD ＞ **參加雞尾酒會的適宜舉止**

吃飯不是最大目的，體會互動與交流的樂趣

一般的雞尾酒會，大多採用自助式取菜的形式。自助餐的菜色陳列和全餐一樣是從前菜開始，接著從右至左排列著主菜、甜點等等，只要照著順序迅速取菜就行了。

在拿取料理時，一盤放3樣前菜或2樣主菜會顯得最有氣質。在這個時候，小心不要把冷食和熱食放在同一盤裡。吃完一盤後，第二盤則另外使用新的盤子和餐具。

所謂雞尾酒會，就是要拿著盤子與周圍的人互動交流。所以要是盤子塞滿料理，看起來就不優雅了。還要注意別讓雙手都拿著東西，以免沒手可以拿盤子。

雞尾酒會的最大目的，就是與大家共享愉快的時光。不要因為肚子餓就忙著拚命吃東西，能夠享受互動聊天的樂趣才算是有氣質的大人。為了讓自己可以從容不迫，事前先吃點東西或許也是個好點子。

自助式餐會的優雅取菜方式

一盤大約放 2～3 樣料理，並注意擺盤的顏色比例。冷食和熱食要分別放在不同盤子。

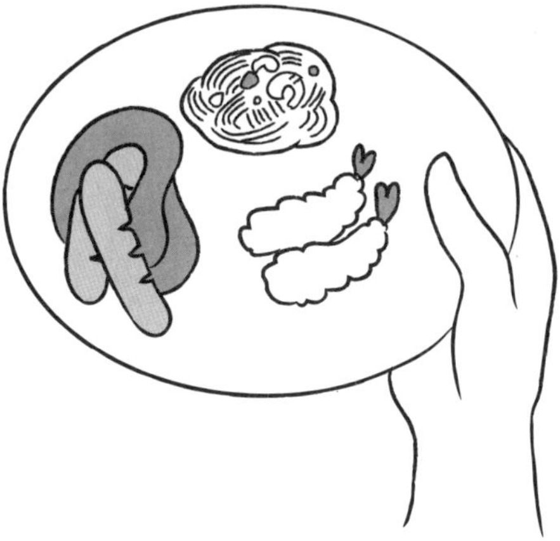

更加分的貼心MEMO

取菜時要隨機應變，保持優雅舉動

除了不要插隊或逆向取菜之外，幫別人拿菜其實也是個禁忌。不過，會不著痕跡地幫朋友拿一盤甜點拼盤，其實也算是貼心的表現，所以還是視情況隨機應變吧。

中式餐廳的圓桌要朝順時鐘方向轉

KEYWORD 圓桌的禮儀

上座的主賓拿取料理後，圓桌再往右邊第二順位的席次開始轉

在中式餐廳吃飯時，常會遇到可以轉的圓桌。關於圓桌的座位，從入口看過來最裡面的位置就是上座。從上座的角度來看，上座左邊是第二順位，右邊則是第三順位，然後左右交互排列下座的位置。希望大家都可以記住這個順序哦。

端上圓桌轉台的大盤料理要等主賓動手後，其他人再各自拿取自己的份。要懂得計算該拿多少才能讓所有人都吃到，也要小心不要破壞原本的精心擺盤。

要轉圓桌轉盤的時候，正式規矩是要往順時鐘方向轉。當料理轉到自己的位置時，你在動手拿菜之前一定要先向右邊幫忙轉的人說「謝謝」；自己要把轉盤繼續轉向左邊時，也記得向隔壁的人說聲「請用」吧。

萬一有人不小心轉成逆時鐘方向，就順勢這樣轉下去即可。這是避免讓轉錯的人感

中式料理的禮儀

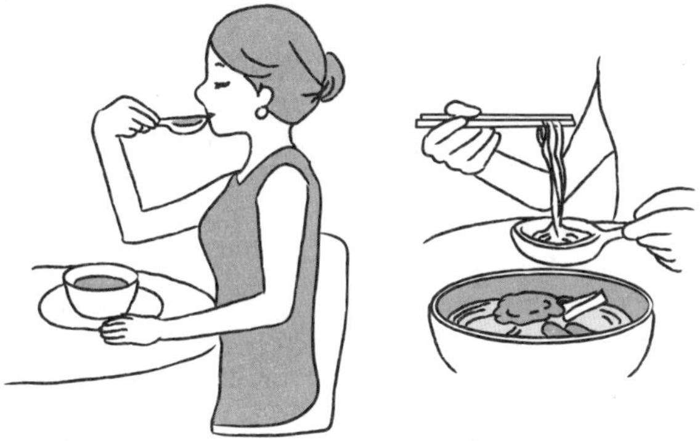

食指放在調羹握柄的凹槽，吃的時候從調羹前端入口。吃麵時，要把調羹當成小盤子接著麵條吃。

到尷尬的貼心舉止。

圓桌轉盤是用來拿取料理的地方，所以不會擺上大盤料理和調味料以外的東西。尤其像是站不穩的瓶子，要是不小心翻倒就會很危險，一定要注意絕不能放上轉盤。

更加分的貼心MEMO

食指放在調羹握柄的凹槽，並從調羹前端入口

說到中式餐廳才有的餐具，一定就是調羹了。其實，調羹的拿法和一般湯匙不太一樣。調羹的正確拿法是把食指放在握柄的凹槽，用大拇指和中間夾著拿。在吃的時候，記得從調羹前端開始入口哦。

生魚片從清淡起步，從油脂較少的種類依序吃起

KEYWORD 生魚片和椀物的吃法

生魚片從左前方依序吃起，椀物要用眼、鼻、口來享用

宴席料理的生魚片從白肉魚或貝類吃起，再慢慢換成油脂豐碩的種類，這樣便能吃得十分美味。因為要是先吃重口味的，就吃不出白肉魚和貝類的清淡滋味了。

不過原則上，餐廳在擺盤時也會特別注意，大多會在左前方放白肉魚，接著依序往右擺上口味越來越濃郁的種類。所以我們只要記得從左前方開始往右吃起就行了。生魚片通常要一口吃下，但如果太大塊，折成一半再吃也沒問題。

作為宴席料理主菜的椀物，要用視覺、嗅覺、味覺來享用。先用不是慣用手的那隻手從側面固定住碗，慣用手則從旁邊拿著碗蓋的圈足後輕輕掀蓋。接著把碗蓋內的水珠滴落進碗裡，再翻過來讓圈足朝下，置於托盤的右側。

接著下來，在吃之前先觀賞一下食材，

再從湯汁開始品味芳香氣息。均衡地輪流享用湯汁和食材，吃完後用雙手拿起碗蓋放回原本的位置。

吃生魚片也要遵守禮儀

○ 吃的順序

原則上要從左前方以順時鐘方向吃起。大部分的餐廳在擺盤時，都會從左前方依序擺上越來越濃郁的食物，所以只要照著擺盤順序吃，就能避免重口味的食物壓過其他清淡滋味。

○ 山葵的沾法

很多人習慣把山葵拌進醬油裡，但是為了凸顯山葵本身的風味，最好是把山葵直接放在生魚片上來品嘗。

更加分的貼心MEMO

直接放上山葵，再沾點少量醬油的吃法才得體

把山葵拌進醬油裡會失去原本的風味，所以最好還是直接放在生魚片上品嘗。另外也要小心不要沾太多醬油了。要是你擔心吃的時候會讓醬油滴下來，也可以拿起醬油碟擋著吃。

剩餘魚皮和魚刺集中在盤子左後方，用擺盤綠葉遮住

KEYWORD ＞燒烤與煮物的吃法

善解人意的人能優雅地吃到最後

吃燒烤時，先把薑芽和擺盤綠葉移至盤子後方，再從左邊開始切成一口大小來吃。

若是附頭尾的烤魚，先用筷子拿掉尾鰭之外的魚鰭，接著從左至右來吃正面的魚肉。吃完正面後不要把翻面，把魚頭、龍骨、尾鰭夾起來置於盤子後方，再繼續從左至右吃起另一面的魚肉。一開始被夾到一邊的薑芽則是吃完魚肉再品嘗。

用筷子拿掉的魚鰭、魚骨和魚皮等部分，就集中在盤子左後方。只要放上懷紙或裝飾綠葉蓋住，就會直到最後都能吃得美麗。

吃煮物的時候如果有碗蓋，就和椀物一樣以相同順序取下。蔬菜和魚貝類等食材都是一口放入嘴中，假如太大塊的話，就用筷子切成一口大小再吃。

若器皿本身很小巧，也可以拿起來靠近嘴巴盛著吃；要是器皿很大，可以把碗蓋當

成小盤子，或是將懷紙擋在底下以防湯汁滴落。湯汁不小心滴下來時，只要在懷紙中夾張硫酸紙防止滲透，就會顯得你很內行。

吃魚的正確方法

①拿掉背鰭等魚鰭部分

拿掉尾鰭以外的魚鰭，從左邊靠魚頭那一端開始夾取一口大小的魚肉，接著慢慢吃到右邊。

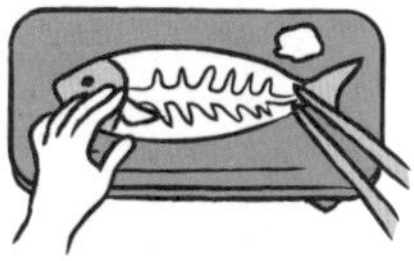

②夾出龍骨

吃完正面魚肉後，用左手拿起魚頭，把連至尾鰭的龍骨和魚肉夾出來。底下另一面的魚肉同樣是從左邊吃到右邊。

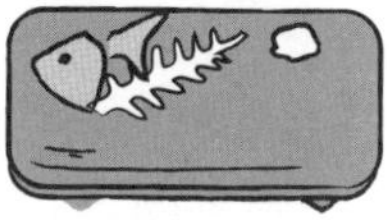

③龍骨等殘渣放在盤子左上角

剩下的龍骨或斷掉的魚刺、魚鰭、魚皮等等都集中到盤子左上角。

更加分的貼心MEMO

附頭尾的魚料理
不能翻面的各種由來

關於附頭尾的魚料理不能翻面，其實有眾說紛紜的由來。像是「魚是供奉神明的料理，所以要保持原始模樣」、「把魚翻面會聯想到謀反」等等。雖然吃法有點困難，但是只要記得連著魚頭把骨頭拆下來，再吃底下另一面的魚肉即可。

天婦羅要用筷子切成一口大小來吃

KEYWORD 天婦羅的吃法

只要用「忍食吃法」，就能吃得美麗

吃天婦羅時，可以按照個人喜好搭配天婦羅沾醬或鹽巴。如果是配天婦羅沾醬，必須一手拿著碗，一手夾著天婦羅沾取三分之一左右的沾醬。假如不拿起碗，也可以用小盤子或懷紙盛在底下，但是絕不能用手擋在下面。

如果是配著鹽，就直接把鹽撒在整個天婦羅身上。當然你也可以抓一撮鹽放在盤子左側，一邊沾一邊吃著天婦羅，只是要小心別沾過頭了。

要是天婦羅無法用筷子夾斷，直接用嘴巴咬斷也無妨。只不過要把吃到一半的天婦羅夾回盤裡時，留在上面的齒痕就會被別人看見。最佳解法就是騰空夾著天婦羅，繼續咬下第2～3口直到吃完。

真的要把天婦羅夾回盤中時，記得在齒痕旁邊再多咬幾小口，消除掉原本留下的齒痕模樣。這在日本稱為「忍食吃法」。若是這種吃法，就禮貌上來說也是可以把吃到一半的天婦羅暫時放回盤裡。

假如吃的是綜合天婦羅，通常店家擺盤時都會經過考量，把味道清淡的放在上面或前面，重口味的則是在後面，所以只要從上面或前面依序來吃就行了。

綜合天婦羅的吃法

規矩① 從上面或前面開始吃

綜合天婦羅通常會把味道清淡的放在上面或前面，重口味的則放在後面。吃的時候從上面或前面吃起即可。

規矩② 用筷子切成一口大小

不要把咬到一半的天婦羅放回盤裡，最好用筷子切成一口大小入口。如果是筷子切不斷的食材，就繼續用 2 ～ 3 口吃完。

規矩③ 咬過的地方要使出忍食吃法

一口吃不完的時候要用忍食吃法，以免被人看到留在上面的齒痕。記得在齒痕附近多咬 2 ～ 3 小口，消除掉齒痕的模樣。

更加分的貼心MEMO

沾醬和鹽巴要搭配正確，才能保持天婦羅的風味

搭配天婦羅沾醬或鹽巴時，必須小心別破壞天婦羅的風味了哦。要是沾了太多沾醬，麵衣會吸收水分，喪失風味；若要搭配鹽巴，最好直接撒在天婦羅上，這樣能避免沾過頭，保持清爽口感。

壽司要趁新鮮一口吃掉

KEYWORD 壽司的內行吃法

用生魚片品味食材，接著再吃握壽司和壽司捲

壽司和生魚片一樣，一般也是從清淡的白肉魚或貝類開始吃起，再慢慢換成鮪魚的赤身肉和腹肉，或鰻魚等重口味的種類。

坐在壽司店吧檯時，內行人會先點清淡的白肉魚生魚片，配著酒一起享用。接著吃握壽司時，從清淡食材慢慢吃到重口味的種類。端上桌的壽司一定要趁新鮮一口吃掉。這不僅是吃得美味的訣竅，也是對料理師傅的尊重。

再來輪到壽司捲，最後收尾則是加了店家招牌高湯的煎蛋捲。看到你這樣吃，想必店家一定會對你另眼相看吧。

吃壽司時，要用手拿或筷子夾都可以。如果用手拿，要用大拇指和中指拿著醋飯的兩側，食指的指尖再輕輕放在食材上。醬油只要沾一點在食材尖端即可。軍艦壽司則是用底下的海苔部分稍微沾點醬油來吃。

內行人才懂的壽司吃法

規矩① 從白肉魚的生魚片吃起

為了品嘗食材風味，要從味道清淡的白肉魚生魚片吃起。握壽司也是先吃白肉魚或貝類。

規矩② 一上桌就立刻吃掉

一般坐在壽司吧檯時，當壽司一端上來就要立刻吃掉，而且是一口放入嘴裡。

規矩③ 用筷子或手都可以

用手吃比較不用擔心壽司會散掉，想用筷子夾著吃當然也沒問題。該選擇用手還是筷子，其實只要配合同行者就可以了。

若用筷子吃，就用筷子夾著兩側，在食材尖端沾點醬油後一口放入口中。為了避免醬油滴下來，可以用不是慣用手的另一隻手拿著醬油碟或懷紙擋在底下。

更加分的貼心MEMO

要是真的無法一口吃掉，分成兩口也可以

一口吃下壽司雖然是最理想的吃法，但如果食材太大塊，很難一口放入嘴裡時，其實分成兩口吃也無妨。不過吃下一口後，就不可以把剩下一半的壽司放回盤裡。這時候就繼續用手或筷子拿著，直接吃下第二口吧。

吃冷蕎麥麵的第一步，就是先單吃麵條

KEYWORD 蕎麥麵的吃法

先品味原始風味，再享受搭配麵汁和佐料的滋味

吃冷蕎麥麵時，先從麵盤中央夾起差不多6根左右，自己能一口吸得起來的份量。接著什麼都不要沾，直接品嘗麵條的滋味。這是為了品味食材的原始風味，也是對製作者的尊重。另外還要注意別中途咬斷麵條，要一口氣吸進嘴裡哦。

接著，在蕎麥麵豬口杯裡倒入四分之一滿的麵汁，夾起自己能一口吸起的麵條，把三分之一左右的量泡進麵汁裡。沾取的麵汁份量可視個人喜好調整，但還是要小心別沾太多以免蓋過蕎麥麵的滋味。

接下來關於佐料，先從味道較淡的種類分別放進蕎麥麵豬口杯，品味個別的風味。佐料也可以不拌進麵汁裡，直接用筷子夾一點配著麵條入口。要是蕎麥麵汁在途中變淡了，就再補充一點。

吃完蕎麥麵後，就把蕎麥麵湯倒進蕎麥

蕎麥麵的內行吃法

規矩① 先單吃麵條

一開始先夾起 6 根左右的蕎麥麵，然後什麼都不沾，直接把麵條放入口中。品味食材的原始風味是對製作者的尊重。

規矩② 麵汁大約沾到 3 分之 1 左右

在沾麵汁的時候，大約沾到 3 分之 1 左右的程度。麵汁要是沾得太多，就會蓋過蕎麥麵的滋味。

規矩③ 佐料要慢慢加

不要把所有佐料一口氣加進麵汁裡，要從味道較淡的種類開始慢慢放進蕎麥麵豬口杯。山葵則是可以直接用筷子夾一點配著麵條吃。

麵豬口杯裡。在這個時候，可以把剩下的佐料全部放進去。蕎麥湯含有能消除疲勞、促進大腦運作的維他命B1，以及有助於養顏美容的維他命B2、蛋白質等等，可以為身體補充營養。

學會蕎麥麵的正確吃法後，不僅能讓你吃得有氣質，還品嘗得到蕎麥麵最極致的美味哦。

更加分的貼心MEMO

吃麵的音量
不要影響到他人

有人說「吃出聲音，也是品嘗蕎麥麵的方式」，但是絕不能發出其他人覺得不悅耳的音量。尤其是外國人都特別討厭用吸的吃麵。所以當身邊還有別的客人時，別忘了注意一下吃麵的聲音。

貼心名言

關心他人時，
最重要的是傾聽對方說話。

北野武

漫才師／演員／電影導演

第 6 章

用心傳達

婚喪喜慶與寫信時的貼心舉止

婚喪喜慶都要遵守最低限度的禮儀。
為了避免這些禮儀流於形式，
別忘了展現真實誠懇的關懷。

受邀參與婚禮時，要挑選能襯托主角的服裝

KEYWORD　喜慶日子的打扮

婚禮或婚宴要穿半正式禮服，二次會 穿非正式禮服出席

受邀參與婚禮或婚宴時，記得要穿上適合大喜之日的服裝表達祝福。尤其女性的盛裝打扮還能為會場添色，所以建議大家穿上可以襯托新娘，同時又能帶來亮點的華麗服飾。

在婚禮或是坐式婚宴，賓客通常都穿半正式禮服（Semi-Formal）。雖然不像正式禮服那樣鄭重，但同樣具有端莊氣質，多為顏色明亮的長洋裝或套裝。腳上會穿自然膚色的絲襪，並搭配小巧的宴會包攜帶貴重物品。

在二次會或是會費制的派對，一般則是穿著非正式禮服（Informal）。所謂非正式禮服，就是比日常服裝再隆重一點的穿著。可以選擇連身洋裝或西裝，並搭配珍珠首飾或胸花，增添一點華麗感。

非正式禮服與半正式禮服不同，沒有繁

瑣的細節規矩。不過女性的褲裝打扮無法視為禮服，最好還是避免為妙。像拖鞋和懶人鞋也是過於輕便，別這樣穿比較保險。

襯托主角的穿著

二次會*

連身洋裝只要配上胸花，就會頓時增添華麗感。白天的首飾最好配戴霧面款式，晚上要挑選散發光澤的種類。腳上的鞋子則要選高跟鞋款。

婚禮

必須挑選白色以外的亮色系洋裝或禮服，可搭配最萬用的珍珠首飾。腳上的絲襪盡量不要穿黑色或網襪款。

更加分的貼心MEMO

一定要避開代表新娘的白色，也別攜帶皮革或毛皮材質的配件

在婚禮上，白色是代表新娘的顏色，所以賓客最好不要搭配白色服裝或配件。此外，為了怕有人聯想到殺生，也要盡量避開毛皮、豹紋材質的衣鞋或包包。還有黑色絲襪和網襪也是別穿為妙。

＊婚宴結束後，繼續續攤的第二場宴會。

回覆是否出席的邀請函時，記得再多加一段訊息

KEYWORD 〉邀請函的回覆

收到邀請函後要立即回覆，並加上賀詞或感謝邀請的話

收到邀請函後，最好要盡早回覆對方哦。關於填寫回覆明信片的方式，其實都有一套規矩。懂得依照規矩寫，就能顯現出成熟內涵。

在日本，要把原本明信片上對於自己的敬語通通劃掉，如果是1個字的敬語，就從上至下、或右上至左下畫兩條線；若是2個字以上的敬語，就用兩條直線劃掉。

假如你決定出席，就用兩條線劃掉日文的敬語「御」，然後把「出席」圈起來。「不出席」的地方也畫上兩條線，並在右上方多加幾個字，改寫成「樂意出席」。假設不克前往，一樣在右上方多寫「很遺憾這次不克出席」。不克出席的原因寫不寫都無所謂。

不僅如此，要是還能在明信片加上賀詞就更棒了。收到喜帖時，可以寫下「恭喜結婚。十分感謝你的邀請，我很樂意出席。衷

心期待兩位的大喜之日」，像這樣送上祝福
或感謝對方的邀請。

在邀請函的回覆中盡量放入感情

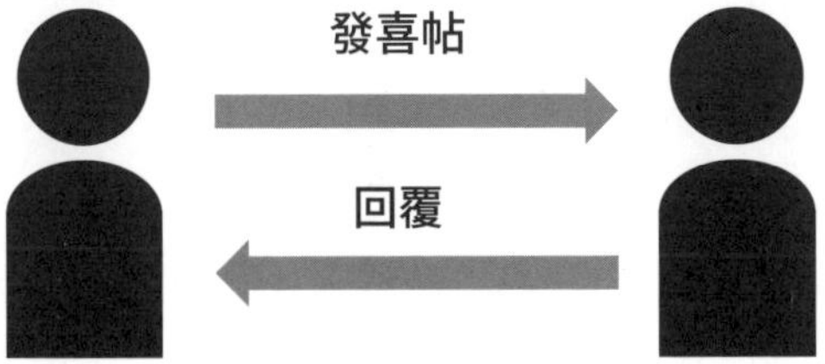

無論出不出席，只要在回覆時加上賀詞或是祝福婚禮成功，就能傳達自己的心意。

出席：「恭喜結婚。我很期待婚禮的那一天。」
不克出席：「恭喜結婚，雖然我無法參加……」

更加分的貼心MEMO

多一點巧思，
讓邀請函的回覆更有心

用兩條線劃掉原本寫給自己的敬語時，用直尺來劃又會更加美觀。假如回覆的是喜帖，可以在劃掉的文字蓋上代表祝賀的「壽」字印章，或是貼上貼紙也沒關係。為了預防中途脫落，貼紙一定要記得貼牢。

在日本的習俗中，禮金金額須為奇數

KEYWORD 準備禮金的原則

禮金金額要包對，也要記得準備新鈔

即使都是用來祝賀的禮金，還是有分成婚禮、生小孩、新居落成等各種不同的用途。假如你熟知對方的喜好，甚至是可以直接開口詢問需求的交情，你也可以直接送上對方想要的東西作為賀禮，或是準備方便自由運用的現金。

由於日本人認為偶數能被2整除，含有「兩人分開」的隱喻，所以在日本送禮金會避開偶數，原則上都是準備奇數的金額。例如參加好友或同事的婚宴時，禮金的行情就是三萬日圓。這是以一萬五千至二萬日圓的禮金，加上一萬至一萬五千日圓的餐點費用來計算。如果是生小孩或新居落成，禮金約為五千至一萬日圓；要慶祝親屬找到工作，行情是一萬至三萬日圓。記得要根據年紀和交情來決定紅包金額哦。

關於禮金，最好盡量使用新鈔。裝禮金的禮金袋則要配合金額選擇款式。水引繩

結婚禮金的水引繩結種類

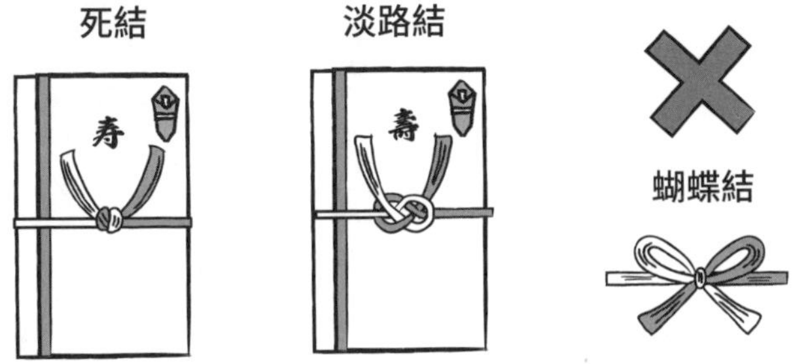

結婚禮金的水引繩結通常會選用「死結」。另外像「淡路結」也屬於死結的一種。死結代表「強烈的情誼」，不會輕易鬆開；蝴蝶結則是一下子就能解開重綁，所以不適合結婚的場合。像是生小孩這種慶祝多次也無妨的喜事，就會使用蝴蝶結的繩結。

結*的顏色以紅白或金白為主流，若是祝福結婚或大病初癒，這種通常只會送一次禮金的場合就選用「死結」；自家人慶祝小孩出生或是入學，慶祝多次也無妨的喜事就選用「蝴蝶結」。

更加分的貼心MEMO

大部分的禮金種類都是準備奇數金額，但是其中也有例外

因為偶數「能被 2 整除」，在多數場合都被視為不吉利的象徵。其實不只婚禮，一般用來祝賀的禮金都以奇數為主。但其中數字 8 的漢字「八」呈現上窄下寬，可以聯想到未來鴻圖大展，因此 8 萬日圓的金額也可以。另外數字 9 的日文發音則是聽起來很像「苦」，因此不適合作為禮金的金額。

＊禮金袋或奠儀上面作為裝飾的繩結。

注意周圍氣氛的基本婚宴禮儀

KEYWORD 〉在休息室的恰當舉動

維持喜事場合的氣氛

既然會收到喜帖，就表示你與新人有深刻的交情。出席親屬的婚禮要穿正式禮服，若是兒時好友或親近摯友的婚禮則穿半正式禮服出席，並在婚禮正式開始前待在休息室待機。

在這段時間，你不妨趁機主動問候一下其他賓客吧。其中或許會有不認識的人，但你還是能打個招呼說「幸會，我是新娘○○的妹妹，我叫△△」。為了打造溫馨氣氛，要記得擺出比平常還燦爛的笑容哦。

在婚宴之前要是還有空檔，你也可以事先準備一些小點心，貼心地發送給休息室的其他賓客。

在婚宴會場上，首先要向簽到處的人員說聲恭喜，表達你的祝福。在婚宴中隨時保持笑容，盡情品嘗料理，徹底享受談笑時光和餘興表演。當然也別忘了看準時間，前往新人的座位道賀一下。

適合會場的禮儀

賀禮的選法	如果彼此的交情很好，也可以直接詢問對方想要什麼樣的賀禮。記得避開容易聯想到「破壞」、「斷裂」的東西，準備能讓人感到開心的禮物。
與其他賓客互動	在婚禮開始前，記得在休息室主動問候其他賓客。向新人家屬打招呼時也別忘了說聲「恭喜」。
在簽到處的應對	在簽到處除了說些祝福話，還要記得說一句「謝謝你們的邀請」，主動表達感激之情。

婚宴是慶祝新人展開新生活的場所。就讓我們與其他賓客一起打造歡欣氣氛，為兩位主角送上祝福吧。

更加分的貼心MEMO

記得寄放行李，
僅帶小包包進入婚宴會場

大件行李和大衣要寄放在寄物處，隨身帶個小包包進入會場即可。手帕事先選好淡粉紅或奶油色系的蕾絲款式，看起來會顯得更加優雅。

在喜慶場合千萬別說「忌諱字眼」

KEYWORD 忌諱字眼

別說出容易聯想到分離或不幸的詞彙

出席婚禮或婚宴等喜慶場合時，你可能會被要求上台致詞，或是對新人說幾句話。在這個時候，絕對不能說出任何會聯想到分離或不幸的忌諱字眼。例如「切斷」、「結束」、「丟棄」、「離開」等等，這些詞彙都會讓人想到分離；「壞掉」、「痛苦」、「淡薄」等字眼，則是給人不幸的印象。

除此之外，還要避開容易聯想到反覆結婚、再婚的重覆字詞。像是平常說得很自然的「越來越……」、「形形色色」等詞彙，都要盡量避免出現在婚禮致詞中。致詞講稿以及送給新人的祝福一定要反覆推敲，或是給值得信賴的人檢查一下有沒有不恰當的用詞。

要送賀禮給新人時也是一樣，感覺上會「斬斷緣份」的刃物就不太吉利，一般不會作為禮物的選項。還有人覺得別送會聯想到

「破掉」的東西比較保險。實際上的確也發生過因為一些差錯，導致送達的禮物出現裂痕或破損的案例。所以在送禮時，包裝一定要做得牢固哦。

忌諱字眼的換句話說

×		○
結束了	➡	告一段落
今天百忙之中	➡	今天撥出空檔
請趁還沒冷掉前享用	➡	請趁熱享用
請不要忘記	➡	請謹記在心
越來越……	➡	更加、加倍
反覆、再三	➡	懇請、務必

更加分的貼心MEMO

把容易說出口的忌諱字眼換成正面詞彙

忌諱字眼都有辦法換句話說。像是「衝破起跑線」改成「站在起跑線」、「歡笑不斷的家庭」改成「充滿笑容的家庭」、「雖然已是最後」改成「雖然到了尾聲」等等。只要像這樣換個說法，就不用怕有問題了。

負責致詞時，要準備大家都能參與的內容

KEYWORD 參與型的致詞

也可以邀請新人或新人親屬一起協助

當自己要在婚禮上代表好友的身分致詞時，大家肯定會很煩惱該說什麼，還有該怎麼說才能帶動氣氛。假如當天才在現場思考，很容易會在台上語無倫次，所以事前一定要整理好講稿內容。

準備婚禮致詞時，必須注意一下當天出席的賓客身分。一般除了彼此認識的友人之外，通常還會有新人的親屬和公司主管。所以致詞內容最好避開只有自己人才知道的往事或用語，必須讓不同年齡層和價值觀的賓客都聽得懂。

其中最推薦的一種類型，就是向新人或其他賓客搭話，讓整個會場的人都參與其中，炒熱現場氛圍的參與型致詞。如果你與新人的家人也有交情，只要向他們稍微做個訪問，氣氛就會一舉熱絡起來。不過，假如你臨時要其他人聊一些新人的趣事，對方也

會突然緊張起來。所以最好事先套好招，不然就是準備幾個簡單問題吧。選擇熱鬧的參與型致詞，一定會比一個人僵硬念稿還要令人印象深刻。

更加分的貼心MEMO

把令人緊張的致詞
當成是在傳訊息

婚禮致詞就是要在許多陌生人面前開口說話，會感到緊張也是在所難免。為了避免緊張，只要想像自己是在傳送訊息就會覺得放鬆許多，可以流利地完成致詞。

喪禮要選黑色服裝和黑色物品，妝容要比平常還淡

KEYWORD 正式的喪服

穿喪服出席喪禮或告別式，向故人表達最高敬意

喪事最重要的一件事，就是向故人表達最高敬意。穿上一襲黑色喪服（黑色正式服裝）出席，靜靜地追思故人。在喪禮或告別式的場合上，要挑選長度過膝的黑色連身洋裝或套裝，腳上穿黑色的透膚絲襪。要是天氣冷，改穿黑色厚褲襪也無妨。

包包選擇布製品比較正式。雖然鞋子最好與包包是同款布料，但其實只要是沒有光澤的黑鞋就可以。基本上，只要盡量不使用容易聯想到殺生的皮革製品就夠了。

除了結婚戒指以外的戒指都不要戴，項鍊和耳環要選成套的珍珠或黑寶石最正式。想要化妝也沒問題，但是原則上不要畫上鮮豔的眼影、腮紅、口紅等等。頭髮簡單地綁起來，不要披頭散髮的。手帕選擇白色或黑色，或是灰色的款式也可以。要戴口罩的話也是一樣，選擇白色、黑色或灰色是對故人

和家屬的顧慮，代表著你的心意。穿著正式服裝出席，別忘了一舉一動都要向故人和家屬表達最大的感謝與敬意。

喪事的基本穿著

守靈夜

黑色或深色的西裝和連身洋裝，黑色的正式禮服也可以。不要露出太多肌膚，避免穿戴會發出光澤的服飾。鞋子也是挑選黑色或深色的包頭鞋即可。隨身配件就帶個非亮面材質的黑色包包，也別忘了準備一下念珠。

喪禮、告別式

穿著正式的黑色連身洋裝或套裝，裙子長度必須過膝，並穿上黑色透膚絲襪。項鍊和耳環挑選成套的珍珠款式，除了結婚戒指以外的戒指都不要戴。

更加分的貼心MEMO

守靈夜穿黑色或深色的便服、喪服出席。要穿同一套參加喪禮時，就換個包包即可

在現代，穿喪服出席守靈夜變得十分普遍。要穿不太露出肌膚，黑色或深色的西裝和連身洋裝也可以。假如守靈夜和喪禮都穿同一套喪服，可以事先準備好兩個不同的包包，參加喪禮時拿比較正式的那一款。

在奠儀的中袋上多加一段話

KEYWORD 準備奠儀的基本禮儀

接著，在奠儀袋封面還要用小一點的字體寫著致意者的名字。內層的中袋正面要寫金額，並在背面左下處以縱書註記地址和姓名。要是再加上一句「至上深切的哀悼」，就會顯得更加客氣有禮。中袋的文字也用淡墨書寫是正式寫法。這是用來表現墨汁被眼淚沖淡的心情。

關於奠儀金額，會依每個人與故人的交情而異。熟人或好友是包三千至五千日圓，公司同事或主管則是包五千至一萬日圓。使

奠儀袋的寫法要配合喪家宗派，中袋＊的文字要寫得好懂易讀

參加守靈夜或喪禮時，通常都會帶著奠儀來追思、祭拜故人。一般在日本，奠儀袋封面會用淡墨寫著「御靈前」。不過，封面的寫法其實會依不同宗派而異。淨土真宗是「御佛前」、基督教是「御花料」、神道則是「御神料」。所以事前最好先確認喪家是哪種宗教信仰。

＊日本的奠儀多為雙層包裝，內層的信封稱為「中袋」。

奠儀袋的寫法

封面文字

佛教寫「御靈前」、淨土真宗寫「御佛前」等等，寫法依宗教而異，最好事前做個確認。

署名

為了知道奠儀是誰送來致意，上面一定要署名。記得名字要寫的比封面文字還小。

中袋

在中袋正面加一句「至上深切哀悼」，也是重要的貼心表現。

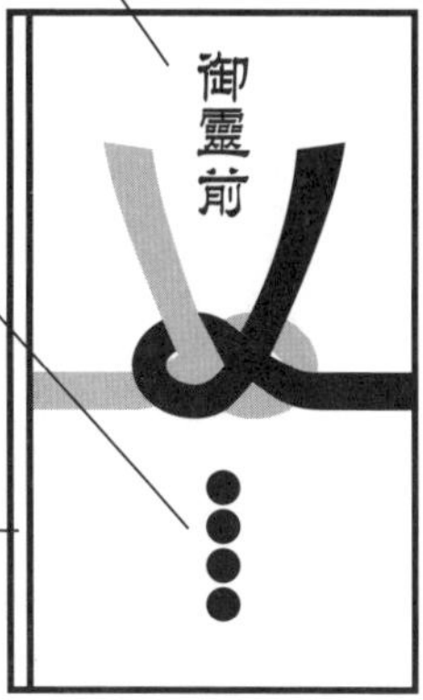

用新鈔會讓人覺得你好像已經預知憾事，所以準備舊鈔比較保險。假如手邊只有新鈔，就折過一遍再進去。只要先折過，就會是舊鈔了。

更加分的貼心MEMO

若是代理出席，要同時遞出主管和自己的名片

如果因為工作關係必須代替主管出席，就要在主管的名片右上角寫「弔」，在自己的名片右上角寫「代」，並隨著奠儀一起遞出。簽到時，要先寫主管的名字，接著在下一行底下寫個小小的「代」，並把自己的名字寫得比主管小。

守靈夜和喪禮的必要禮儀

KEYWORD 喪事的恰當舉動

帶著奠儀和念珠出席，向家屬致上哀悼

在日本參加守靈夜或喪禮時，要先有禮貌地問候簽到人員，說一句「節哀順變」或「致上深切的哀悼」。奠儀要用名叫「袱紗」的布袋包起來，禮貌上來說都是簽到完畢後再遞出，但也可以視情況隨機應變。

假如守靈夜和喪禮都會出席，奠儀就在守靈夜的時候遞出。參加喪禮時，就跟簽到人員表示自己有出席守靈夜，可以不用再遞一次奠儀。但畢竟奠儀是代表自己的心意，想再多遞一次也無妨。

出席佛教的守靈夜和喪禮時，要帶著念珠去參加。坐在喪禮會場上還有走到捻香台的路途，要用左手拿著念珠，並讓流蘇垂下來。等輪到自己時，就走到捻香台前，向僧侶和家屬一鞠躬，再面對遺照一鞠躬。用右手大拇指、食指、中指捻取一小戳香粉，依照部分宗教習俗舉至眼睛高度，再放置於香

依宗教而異的喪禮基本禮儀

佛教

・帶著念珠。
・在捻香台對著遺照一鞠躬。
・捻香完畢後合掌祈禱。
・回到座位之前再向家屬一鞠躬。

基督教

・獻花時，用雙手接下花。

神道

・從神官手上收下玉串（紅淡比*的樹枝），用右手拿著底部，左手從底下輕扶著葉片。

共通禮儀

・就算與睽違許久不見的友人重逢，也不可以開心地談天說地。

爐。捻香次數會依教派而異，通常只要有樣學樣地照著其他出席者來做即可。

捻香完畢後，把念珠掛在手指之間，對著遺照合掌祈禱故人的冥福。最後往後退，向僧侶和家屬一鞠躬後回到座位。

更加分的貼心MEMO

看到熟面孔也不能開心聊天，也不要面帶微笑

參加守靈夜或喪禮時，也會碰到好久不見的好友或熟人。然而，這畢竟是與告別故人的場合，不可以開心地聊起天來。不要忘了懷抱著對故人的感謝與哀悼，注意一下自己的表情和態度吧。

＊五列木科紅淡比屬，在日本常用於神道儀式上，被視為神聖的植物。

經過不認識的墓前時，也要點頭致意

KEYWORD 掃墓的正確做法

掃墓就是把故人的家打掃乾淨

所謂墳墓，就是故人的最後居所。然而故人就算想要整理自己家，也沒辦法親自動手。因為顧及故人的心情，希望對方在另一個世界也能安心生活，才會有掃墓的習俗。

在掃墓時，要先拔除墳墓周圍的雜草。有人說直接朝墓碑灑水，會導致墓碑加速損壞，所以要改用軟綿的布來擦拭。要是用海綿可能會傷到墓碑，最好盡量避免使用。需要爬到墓碑上的時候記得脫鞋，不然就是換上鞋底乾淨的拖鞋以表敬意。

在墓碑前的花架上插鮮花，在水盤裡加水。以正式禮儀來說，供品底下必須墊張白色半紙＊。據說故人都是品味供品的香氣，所以像酒之類的就要打開蓋子。接著點上線香，合掌祭拜。等到香燒完，就收拾供品帶回家吧。鮮花可以就這樣插著沒關係。

在墓園裡，當然也會有別戶人家的墓

＊日本和紙之一。

碑。經過其他墓碑前，也別忘了一邊走一邊點頭致意，表達一下敬意哦。

更加分的貼心MEMO

不用太在意規矩，重要的是懷抱敬意和感激之情

其實掃墓並沒有什麼特別規矩。掃墓的時期和頻率也沒有非遵守不可的規範，想念故人的時候就可以去墓前一趟。只要懂得尊敬故人，或許就會讓你遇到不可思議的好事也說不定。

寫書信時，對方的名字要從行首寫起

KEYWORD 日本書信的結構

分成前文、正文、結語、後文4大部分

由於現代人多以簡訊或社群媒體來互動，便讓親筆書信顯得特別有價值。也有人認為「自己的字很醜」、「不知道該怎麼寫」，覺得自己很不擅長寫信。但其實只要用心書寫，就能順利傳達你的心意。

如果你是不知道該怎麼寫的人，只要了解書信的基本構造即可。

第一步，先從稱為前文的開頭語和季節性問候語寫起。再來是正文，緊接著是結語的問候。到了最後，要再寫下稱為後文的日期、署名、收件人姓名。此外，建議大家記住書信也有區分上座和下座。以「〇〇先生」、「〇〇小姐」來稱呼對方時，放在被視為上座的行首寫起就能表達敬意。要寫到「我」的時候，從下座的行尾開始寫起會顯得比較謙虛。要是非得在上座的位置寫到「我」，可以把「我」這個字稍微寫小一點。

書信的書寫規則

規則 1

・在書信開頭放入季節性問候。

規則 2

・在信中稱呼對方名字時，要放在行首開始寫起。

規則 3

・在提到自己，要寫下「我」的時候，請放在行尾開始寫起。

規則 4

・寫書信給尊長時，不要再另外加上「備註」。

一邊想著對方，一邊挑選信紙和信封來寫信，也是一段令人充實的時光。你不妨可以試著把思念對方的心情寄託在書信裡。

更加分的貼心MEMO

若是熟識的人，
可以把備註放在信的最後；
萬一對方是尊長，
則不要寫備註

如果需要寫備註，就放在後文的後面。比正文多空 2 ～ 3 個字，並且用比較小的字體來寫，最多寫至 2～3 行左右的程度。假如對方是尊長，或者書信內容比較嚴肅的話，就不要在信中另加備註。

季節性的問候要配合各時節的上旬、中旬、下旬

KEYWORD 季節性的問候

要是用慣了慣用句，就改成用自己的話來寫寫看

簡訊不需提及的季節性問候，在書信和問候卡中卻是不可或缺的存在。這些依季節而異的問候都十分優美，能夠療癒收件人的心靈。

在季節性問候語中，像是「時值新春」、「時值初夏」、「時值歲末年終」等等，有很多固定指某個月份的慣用句。關於「時值～」的文句，在嚴謹的信件或商務書信中都可以使用。「仲夏之時，僅此問候」也是季節性問候之一。

在四季分明的日本，一個月的上旬、中旬、下旬氣候都有些不同對吧？只要分別使用適合當時氣候的問候語，文章就會顯得更得體。1月上旬是「時值松之內*」，中旬開始則寫「時值寒冬」，到了下旬可寫「時值大寒」。建議大家最好像這樣區分使用。

在習慣問候語之前，可以先使用常見的

＊意指新年，布置迎神裝飾「門松」的期間。

配合時節區分問候語

1月中旬……「時值寒冬」

1月下旬……「時值大寒」

任何季節都能用的問候語……「近期」

依商務場合或書寫時節添上適合的季節性問候語，能讓內容看起來更有料。若是慰問病情或弔唁的書信，則不需要季節性的問候。想在信中強調歉意或謝意的時候，問候語的部分寫得簡單一點即可。

慣用句，但如果能以自己的話語寫出真實心情，就會是更加用心的書信了。你可以靜下心體會季節氣息，再試著提筆看看。

此外，用書信慰問病情或弔唁的時候，似乎可以不用加上季節性的問候。

更加分的貼心MEMO

精簡問候語，避免全文過於冗長

在季節性的問候之後，通常會接續著關心近況的話語，或是為繁榮發展感到喜悅的內容。像是這句「時值暖春，恭賀貴公司生意興隆」，用一段話簡潔表達了得體的問候和祝賀。

信封的收件資料要寫得工整美觀

KEYWORD 信封的寫法

日式信封寫縱書，西式信封寫橫書

在收到信時，最先映入眼簾的就是信封了。或許有人會覺得信封能有什麼差別，但是只要收件資料寫得美麗工整，就會讓你顯得更有氣質。

首先是關於信封收件資料的基本寫法：日式信封寫縱書，西式信封寫橫書。

要讓信封有個美麗排版，訣竅就是先寫正中央的收件人姓名，再寫收件地址。只要先寫名字，就可以確定整個信封的軸心，更好掌握整體的平衡感。

收件人姓名一定要寫得最大。如果要再加上職稱，就寫在姓名那一行的上面，並且寫得比姓名小一點。這在橫書的西式信封也是同樣寫法。

在寫地址時，縱書就靠右側寫。要是需要寫成2行，第2行要從第1行的第1個字與第2個字之間的高度開始寫起。

寄件人資料則是寫在信封的背面。若是

收件資料的工整寫法

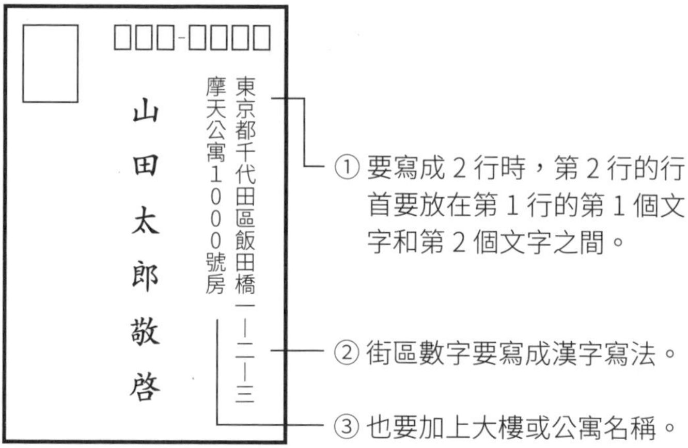
□□□-□□□□
東京都千代田區飯田橋一－二－三
摩天公寓1000號房
山田太郎敬啓
① 要寫成 2 行時，第 2 行的行首要放在第 1 行的第 1 個文字和第 2 個文字之間。
② 街區數字要寫成漢字寫法。
③ 也要加上大樓或公寓名稱。

和式信封，就在背面中心線的右邊寫寄件地址，中心線的左邊寫寄件人姓名。要全部集中寫在背面的左下方也無妨。假如是西式信封，就寫在背面中央的下方位置吧。除此之外，無論是正面的收件資料或背面的寄件資料，一定都要記得寫郵遞區號哦。

更加分的貼心MEMO

意外地鮮為人知，
學會信封封口的禮儀

要封口時，不要使用直接就看得到的膠帶，最好改用膠水或雙面膠。日式信封可在封口處標註「〆」，或是漢字「緘」；西式信封可以模仿歐美，蓋上封蠟印章。

用心挑選符合季節的明信片，以適宜花樣和郵票提升好感度

KEYWORD 明信片的寫法

分成前文、正文、後文三個結構

想聊表一下謝意，或是在旅行途中傳達思念之情時，就適合寄張明信片表示心意。明信片比書信更加簡便，不需開封就能一眼看到內容，更容易傳達心聲。

明信片有別於書信，是以前文、正文、後文三個結構組成。首先在前文，要寫下有關季節或是關心對方健康的問候話語。接著下來，在正文提及寄明信片的用意或目的，簡潔寫下想告訴對方的話。如果是要表達感謝，除了道謝的話之外，再具體寫出「非常美味」等感想，就會讓對方感到十分欣喜。

在後文的部分，就寫下結語的問候。若是私人交流，可以在最後祝福對方身體健康或幸福美滿；假如是商務關係，就祝福公司事業欣欣向榮，員工表現優異吧。開頭和結語可依收件對象和信件目的，在日文中區分使用「前略」或「拜啓」。開頭部分不需空一格再寫。

此外，明信片和郵票只要特別選用符合季節的種類，或是統一花樣，讓收件人感受到一番風情，就能更加提升你的評價。

更加分的貼心MEMO

橫書比較隨興，要寫正經內容最好改成縱書

如果交情很好，使用橫書當然也沒有關係。但假如對方是尊長，或者是要表達感謝或致意，文章內容比較正經的話，在日本通常都會覺得用縱書比較正式。寫的時候記得上下左右要稍微留白，注意整體的平衡感哦。

寫賀年卡不需要加標點符號

KEYWORD 賀詞的選法

掌握基礎，加上一句真實心情

所謂賀年卡，是用來向身在遠方無法見面的人傳達新年問候的卡片。除了新年的祝賀外，也可以寫下希望彼此交情維持不變的期盼。

首先是寫賀詞，表達迎接新年的祝賀。賀詞有像「賀正」、「迎春」這種兩個字的，也有「謹賀新年」、「喜迎新春」的四字賀詞，另外還有「祝你新年快樂」的一段文章寫法。

原則上來說，一個字或兩個字的賀詞是向晚輩或下屬使用，四個字或一段文章的賀詞則是寫給尊長。像是「敬祝新春愉快」，就是態度最客氣、最能表達敬意的寫法。此外，還要提及過去一年的感恩與謝意、報告近況並盼望今後繼續保持交流。賀年卡不需要標點符號。因為標點符號代表了「分段」，在婚喪喜慶的文章中不加比較正式。

賀年卡的禮儀

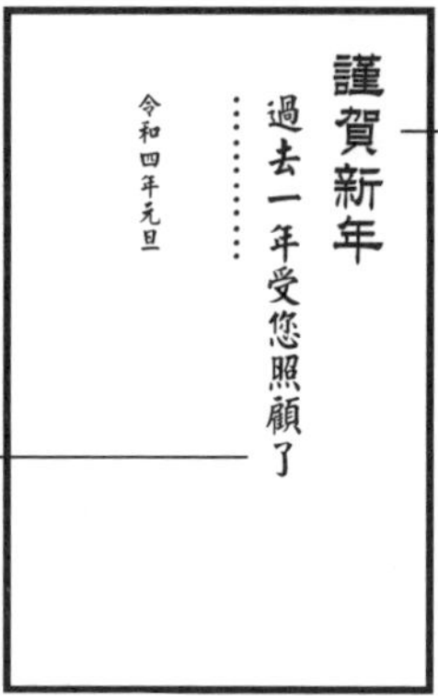

在開頭放入「新春」、「謹賀新年」等賀詞，或是寫下「新年快樂」。由於前後兩種寫法是同樣的意思，所以擇一即可。

根據不同收件人寫下一句特別的話，讓賀年卡看起來更窩心。

共同規則

· 不使用標點符號。

還有除了一般賀年卡的制式文句之外，要是可以根據不同收件人寫下特別的話，便能傳達你的心情，會是更棒的寫法哦。

更加分的貼心MEMO

避免意思重複，不要同時使用「新的一年」和「新年」

有不少人會在賀年卡寫「新的一年新年快樂」，但是「新的一年」已經有「新年」的意思，同時寫出來就會重複了。只要寫「新年快樂」或「祝你新的一年萬事如意」就可以了。

貼心名言

要懂得主動敞開心房問候致意。
為人著想的貼心禮儀就是
先發制人和先笑制人的根基。

西出博子

禮儀培訓師／禮儀解說員

第7章

體貼反而帶來困擾？

「過度」的貼心舉止

貼心過頭的關心和舉動，
有時反而會成為一種壓力。
本章就要介紹不小心會出錯，需要多加留意的貼心舉止。

太關心對方，反覆詢問「沒事吧？」

KEYWORD 過度的關心

要是體貼過頭，有時反而會成為一種負擔

就是因為有一顆體貼的心，才會關心、擔心他人。這個舉動雖然窩心，但如果擔心過頭或是說錯話，有時候反而會成為對方的壓力。

比方來說，假設對方身體不適，不小心病倒了。要是你擔心地天天打電話，不停詢問「身體覺得如何？沒事吧？」，這樣會有什麼結果呢？對方一開始或許會很高興收到你的關心，但是久而久之下來，他可能會逐漸心想「又不會立刻痊癒，用不著每天都打電話吧」、「乾脆假裝已經恢復健康算了」。

你看似擔心對方的舉動，會不會是為了讓自己心安呢？原本的擔憂應該是要讓對方感到放心，或是成為溫暖的鼓舞。結果對方必須得像這樣顧慮著你，反而本末倒置了。

即使再怎麼擔心，你也不能以自己為中心，一舉一動都要考量對方。希望你可以像

這樣說「我願意聽你說任何事，歡迎你隨時聯絡我」，不僅用貼心話語表示關懷，同時也尊重對方的心情。

更加分的貼心MEMO

放下自己的價值觀，展現同理心並謹慎擇言

當對方遇到什麼不好的事情時，一定要避開「好可憐」的發言。就算你自認為是善意的表現，還是會有人覺得這是在同情自己、看不起自己的一番話。改成「你一定很痛心吧」，說出這種具有同理心的話，聽起來就會順耳多了。

沒人向你商量，你卻主動提出建言

KEYWORD 建言

沒人需要的建言只是多管閒事

在談話中，有時候會聽到別人開口抱怨或吐露煩惱吧。在這個時候，你會不會喜孜孜地提出個人看法，或是告訴對方「一般是這樣做哦」，高談著普遍見解呢？

或許對方只是希望有人聽聽自己說話，並沒有要和人商量的意思。縱使你覺得自己為對方提供了有用的資訊，但其實只是在多管閒事。

就算是對方需要建議的時候，「我覺得應該要這麼做」的說法，聽起來就像在強制對方接受你的意見，最好改成說「如果是我，我會這麼做」。為了不讓對方覺得自己雞婆，穿插一些個人的失敗經驗談會更好哦。

我們可以從他人的建言中得到許多收穫，但是一旦輪到自己提出建議，就必須謹言慎行。首先，要思考一下自己是否真的有立場可以提出建言。當對方在尋求他人的建

不會成為「多管閒事」的建言

① 盡量不要涉入有關他人的金錢話題。

② 不要擅自回答對方沒有問的事。

③ 當自己情緒激動或興奮的時候，更該謹言慎行，保持冷靜。

④ 當對方尋求建議時，別說「應該要這麼做」，要改成「如果是我，我可能會這麼做」，以提示的說法提供建言。

議，而你也覺得自己的話可以成為參考，就試著在不會給對方帶來反感或不安的情況下說說看吧。

更加分的貼心MEMO

不要對金錢的話題提出建言，以防關係出現裂痕

有關金錢的建言都要特別小心。因為沒人猜得到之後會發生什麼事情。萬一你的建言造成對方虧損，你不僅無法負責，彼此甚至會因此產生嫌隙也說不定。

交給別人做主，同意對方的所有意見

KEYWORD 自己的意見

即使同意對方的想法，也要提出自己的意見

懂得察言觀色與不敢說出個人意見，其實是兩件不太一樣的事情。「不要提出意見，比較容易有個圓融結果」是一種貼心舉止，但若是「不敢提出意見」，有時反而會給其他人帶來困擾。

比方來說，和別人約了飯局，對方詢問「你有什麼想吃的嗎？」。要是你回答「都可以」，對方就得在龐大的選項中做出決定。有時候全權交給對方做主，反而會給人帶來負擔。

縱使你是真心覺得吃什麼都可以，假如什麼意見都不說，對方或許會覺得「你其實根本不想一起去吃飯」，甚至還會以為你是個沒有主見的人。

像是「吃魚怎麼樣？」、「今天很冷，感覺適合吃點熱的」等等，只要像這樣稍微表態一下，就能讓對方順利選好餐廳。懂得

表達意見，其實才是一種貼心舉止。

不是「讓人做主」，而是站在「一起思考」的立場，一定有辦法讓人更加了解你的心情。

更加分的貼心MEMO

就算是疑問也好，
把提出意見當作工作的一環

如果在工作場合上也不會表示任何意見，很有可能會招來誤解。不是優異創新的提議也無所謂，就算只是當下感受到的問題或疑慮，甚至是一點感想也沒關係。因為表達意見的舉動，本身就是別具意義的行為。

毫無理由地反覆送禮

KEYWORD 送禮的理由

有理由送禮的時候，要送不會給人壓力的禮物

收到禮物總會讓人喜悅，但如果不是生日禮物也不是謝禮，而是多次收到毫無理由的禮物，想必收禮的人一定會感到困惑。

假如不是家人也不是男女朋友，關係沒有特別親密的話，送禮都需要一定程度的理由。就算送禮的人說「我只是喜歡送禮，用不著在意」，收禮的人可不會那麼想。對方會忍不住思考「自己是不是該回送對等的禮物？」，成為一種心理負擔。

若是有理由的禮物，就可以輕鬆收下。只要像這樣說「○○的時候受你關照了」就可以了。

即便是有理由的禮物，最好也別送太過高檔，或是不曉得符不符合對方興趣的東西。要是不知道對方的喜好，最保險的就是毛巾、護手霜等實用品。假如要送食物，記得消費期限不要太短，也要注意份量能不能

任何禮物都需要理由

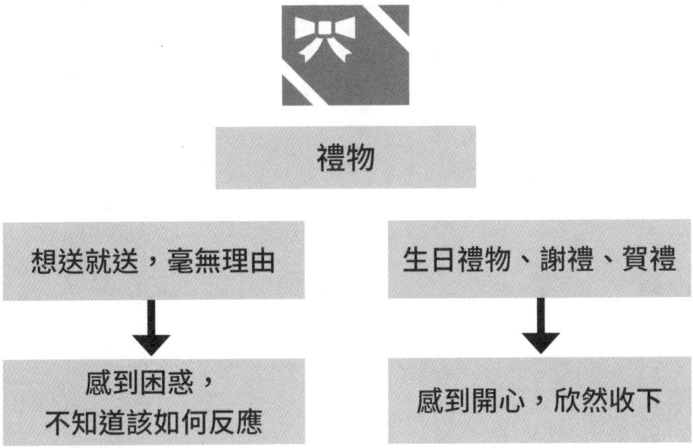
禮物
想送就送，毫無理由
感到困惑，
不知道該如何反應
生日禮物、謝禮、賀禮
感到開心，欣然收下

讓人吃得完。若是彩妝或香氛物品，就根據對方的形象來挑選顏色或香氣即可。希望我們都能送上不會帶來困擾，讓對方感到高興的禮物。

更加分的貼心MEMO

要送給很多人時，最好選擇不會留下實體的東西

若是一次要分送給很多人的禮物，基本上沒辦法專程配合每個人的喜好。考慮到有些人不想增加家裡的物品，所以像旅行的伴手禮、送給交易對象的禮物等等，最好選擇餅乾點心這種吃完就會消失的東西。

過於遵守禮儀的框架

KEYWORD 一板一眼的禮儀

不要死腦筋，懂得優先考慮對方

所謂禮儀，是在為對方設想，避免讓人不愉快所產生的秩序，並不是非遵守不可的規範。假如總是一板一眼地遵守禮儀，有時候反而會讓對方坐立難安。

例如像席次，通常是距離出入口最遠的位置為上座，離出入口最近的位置為下座。然而以和室來說，雖然一般以床之間*為上座，但是有些地方會把床之間設置在出入口的附近。這種格局稱為「下座床」，所以也不是床之間的前面就一定為上座。此外，也有些人因為身體因素，比較喜歡坐得離出入口近一點。在這種時候，對方偏好的座位就能視為上座。

拿東西給別人時，一般都是用雙手遞出比較有禮貌；但如果要交換名片，雙方都用單手遞出名片比較省時間。與其讓人久候，只要先向對方告知一聲「請容我用單手遞

*位於日本和室內高出榻榻米一階，類似於壁龕的空間。大部分會擺上插花或掛上掛軸。

在商務郵件的往來中，當對方在內文中使用了「！」，整篇文章看起來比較隨興時，我們也可以配合對方，以同樣氣氛的文筆來回信。

上」，對方也會理解你的做法。就像這樣，也是會遇到用單手遞出更符合當下情況的場合。希望大家可以跳脫禮儀的框架，優先考量對方的感受。

更加分的貼心MEMO

比起一板一眼地講究禮儀，考慮當下的優先順序更重要

端茶給訪客時，原則上要用雙手拿著，並放在右手邊的位置。但在商務場合上，為了不要打擾雙方商談，要以迅速離開現場為第一優先。只要隨便找個有空位的地方，放下茶之後說一句「失陪了」，就趕緊速速離開吧。

自以為是為了對方好，什麼都幫忙做到好

KEYWORD 〉一臂之力

若對方婉拒了自己的協助，就老實地打消念頭

即使是出自一片好心想幫忙，我們通常還是不希望給對方添麻煩吧

比方來說，當你受邀到對方家裡吃飯時，不要擅自覺得「既然受到招待，至少幫忙收拾一下吧」，然後開始自作主張地動手整理。或許有人會覺得你幫了大忙，但也有人不想家裡廚房被外人看見，或是不希望別人亂碰重要的餐具。有些人就是真心希望客人可以好好放鬆一下啊。

當你想幫忙時，記得先問一句「需要幫忙嗎？」。要是對方覺得「得救了」，一定就會對你說「那可以麻煩你幫忙做這個嗎？」；假如對方告訴你「不用了，你慢慢坐就好」，你就欣然接受這句話，好好當一個客人即可。

像是對方的習慣、平時的例行公事等等，我們都可以不用插手去管，要懂得交給

本人來衡量。這樣可以防止自己干涉太多，避免對方產生反感。

更加分的貼心MEMO

什麼都搶先幫忙，有時也會阻礙對方成長

就像植物澆太多水會死掉，如果什麼事情都搶先幫忙做好，有時候反而是奪走對方成長的機會，無法帶來任何好處。假如對方看起來可以自己辦得到，「放手交給他」也是成熟的貼心舉止。

被人請客時，堅持表示自己要出錢

KEYWORD ＞ 出錢的意願

表達一次出錢的意願即可，要欣然接受招待

與戀人或主管吃飯，有時候會遇到對方說「今天我請客」的情況吧。由於最近男女平等的意識抬頭，也有越來越多的女性希望可以各付各的。但要是女方堅定表示「不需要」，反而會讓氣氛變得很尷尬。坦率地回答「謝謝你的招待」，欣然接受對方的心意，對彼此來說也比較愉快對吧？

然而，在接受對方請客時，還是要記得表示一下出錢的意願哦。縱使對方早已結完帳，也別忘了說一句「請問是多少錢」或「我會出錢的」。如果對方說「今天我請客」，你就坦率地道謝，接受他的好意吧。要是你連說好幾次「這樣太不好意思了」，對方也會覺得渾身不自在。想要分攤飯錢的意願，只要表示一次就夠了。

被請客之後，若你在當天就傳封簡訊表達感謝，對方一定會覺得很高興。下次見面

的時候，你也可以再度提及「前陣子謝謝你請客」，像這樣表達謝意又會更完美了。假如對方在那之後也常常請客，建議你可以回送個小禮物，聊表一下心意哦。

更加分的貼心MEMO

視線避開對方付帳的場面，並表達聚餐的感想

就禮貌上來說，被別人請客時，視線要盡量避開對方拿出錢包付帳的場面。此外，你還可以表示「今天的料理真美味耶」，像這樣多說一句感想，請客的人也會覺得開心又值得。

遇到任何事都說「不好意思」

KEYWORD 不好意思

表達感謝之情時，要用「謝謝」取代「不好意思」

如果明顯是自己有錯，或是給其他人造成麻煩的時候，我們都會想要坦率道歉。然而，假如你在不該道歉的場合上，就像口頭禪那樣不停說著「不好意思」、「對不起」，反而很有可能讓對方覺得反感。

比方來說，在使用完公司會議室後，有人會率先收拾好環境，幫所有人影印好資料等等，像這樣時常幫忙善後各種事情。

在這種時候，我們可能就會忍不住說「不好意思」。儘管原本是想表達「有勞你費心，真是不好意思」，但是有些人聽到卻會納悶地想：「你為什麼要道歉？」

當別人幫自己做了什麼事時，最好別說出含有道歉意涵的「不好意思」，而是直接說「謝謝」表達感激之情吧。比起一直被道歉，聽到代表謝意和感謝的「謝謝」更令人喜悅。

說太多「謝謝」，聽起來是否會很廉價？

在一般的大前提下，懂得說「謝謝」非常重要！

但要是說太多次……

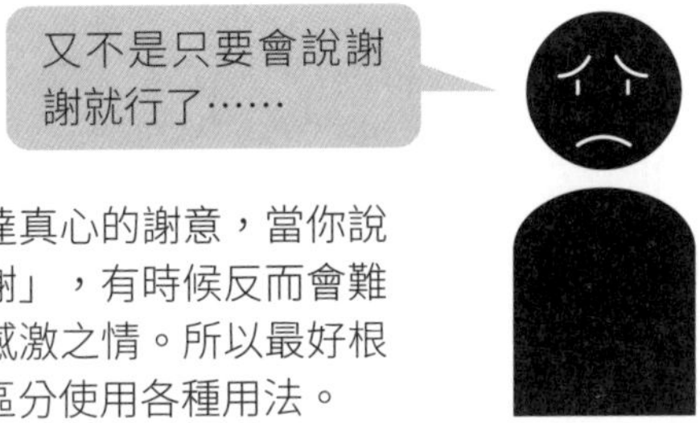

無論多麼想表達真心的謝意，當你說了太多次「謝謝」，有時候反而會難以傳達真正的感激之情。所以最好根據不同情況，區分使用各種用法。

更加分的貼心MEMO

別用「不好意思」做總結，要挑選合乎場合的話

「不好意思」是一句很方便的話。雖然原本代表了「抱歉」，但現在也會用來表示「謝謝」、「麻煩你了」等意涵。與其凡事都說不好意思，有時候視場合說得直截了當反而會更加得體。

顧慮得太多，乾脆選擇沉默

KEYWORD ＞ 發生失誤時的貼心舉止

人人難免都會出錯，要懂得互相幫忙

當身邊的人因為失誤而沮喪時，實在讓人煩惱是該鼓勵他，還是乾脆保持沉默比較好對吧？

有人可以靠自己重新振作，也有人會鑽牛角尖，遲遲走不出陰霾。反正無論如何，最好都不要當下指出錯誤，或是開口指責對方。然而，要是什麼都不說，對當事人而言也未必是件好事。

察覺到對方失誤時，貼心的人會先想到「人人難免都會出錯」。並且設想對方的狀況，開口說一句「你盡力了吧」，營造出能讓對方重新站起的氛圍。

當人犯錯時，通常會陷入自顧不暇的狀態，所以此時可以說「這邊交給我，你先處理這個」，要伸出一臂之力來幫忙。

等到挺過難關，風波平息之後，再去思考如何預防相同失誤即可。當下的首要之

務，就是讓對方明白「不用擔心，我也會一起幫忙」，設法傳達你的心意就行了。

更加分的貼心MEMO

向失誤的人搭話
必須小心謹慎

犯下失誤的人，都很清楚是自己出錯。此時如果就像落井下石那樣說出失禮的話，對方很有可能會受到傷害，甚至是反覆出錯。要是變成這樣，連你自己也得付出相對的代價，所以一定要謹言慎行哦。

貼心名言

所謂正義，
就是用愛去糾正違背愛的事物。

金恩牧師

美國牧師

西出博子（NISHIDE HIROKO）

禮儀培訓師。美容研究員。HIROKOMA 集團代表人。VIS 株式會社董事長兼會長。HIROKOROSE 株式會社董事長兼總經理。一般社團法人禮儀＆國際禮儀、日本傳統文化普及協會代表理事。大妻女子大學畢業後，曾任參議院議員的秘書一職，之後以禮儀講師的身分獨立開業。1998 年前往英國牛津，與當時牛津大學研究所遺傳學研究者在當地開設公司。回國後，為 300 多間知名企業提供指導，總計培訓了 10 萬多名人才。這項實績也登上《SUPER J CHANNEL》（朝日電視台）、《所羅門流》（東京電視台）等資訊節目和紀實節目，並以禮儀界教主之姿受到各大報章雜誌介紹。此外，也受託為政治家、律師、企業幹部等人打理服裝儀容、指導說話方式，提供全面的禮儀培訓服務。也曾是 NHK 大河歷史劇《韋馱天：東京奧運的故事》、《龍馬傳》、電影《神劍闖江湖 3—— 傳說的最終篇》等戲劇作品的禮儀兼修，為多位超一流男女演員和藝人指導過禮儀。個人著作和監修作品包含有突破 28 萬冊的《拒當職場天兵的自保 39 招》（學研 PLUS）、《其實很丟臉的自作聰明禮儀》（PHP 研究所）、《讓你變美麗的言行舉止》（WANI BOOKS）等等，在國內外出版多本書籍，也是累計銷售超過 100 萬冊的現役作家。

博子禮儀集團官方網站
https://hirokomanner-group.withltd.com

國家圖書館出版品預行編目(CIP)資料

小舉動，大貼心：從日常小細節中，展現貼心的126個體貼妙招，教你招人緣、爭信任／西出博子著；許展寧譯. -- 初版. -- 臺中市：晨星出版有限公司，2023.04
面； 公分. --（勁草生活；533）
譯自：誰からも愛され、信頼される人になる!：気くばりにいいこと超大全
ISBN 978-626-320-397-6（平裝）
1.CST：社交禮儀 2.CST：人際關係 3.CST：成功法
192.3 112001434

歡迎掃描 QR CODE
填線上回函！

勁草生活 533

小舉動，大貼心：

從日常小細節中，展現貼心的126個體貼妙招，教你招人緣、爭信任

誰からも愛され、信頼される人になる!：気くばりにいいこと超大全

作者 西出博子
譯者 許展寧
責任編輯 謝永銓
校對 謝永銓
封面設計 李莉君
內頁編排 張蘊方

創辦人 陳銘民
發行所 晨星出版有限公司
407台中市西屯區工業30路1號1樓
TEL：04-23595820 FAX：04-23550581
E-mail：service-taipei@morningstar.com.tw
https://star.morningstar.com.tw
行政院新聞局局版台業字第2500號
法律顧問 陳思成律師
初版 西元2023年04月15日（初版1刷）

讀者服務專線 TEL：02-23672044／04-23595819#212
讀者傳真專線 FAX：02-23635741／04-23595493
讀者專用信箱 service@morningstar.com.tw
網路書店 https://www.morningstar.com.tw
郵政劃撥 15060393（知己圖書股分有限公司）

印刷 上好印刷股分有限公司

定價 390 元

ISBN 978-626-320-397-6